Kohlhammer

Die Autorinnen

Nach langjähriger Tätigkeit als freie Bildungsreferentin und mehrjähriger Arbeit mit jugendlichen Schulverweigerern gründete **Jutta Gorschlüter** 2003 die lerntherapeutische Praxis »Spielraum Lernen« in Münster, Westfalen. Sie begleitet und unterstützt Kinder, Jugendliche und Erwachsene, die eine lerntherapeutische Förderung benötigen, hält bundesweit Vorträge und bildet seit 2014 im Rahmen des »Spielraum Lernen«-Fernlehrgangs Lerntherapeut/innen aus. Daneben entwickelt sie Spiel- und Lernmaterialien.

Die Erziehungswissenschaftlerin **Marie Gorschlüter** arbeitet als Lerntherapeutin mit Kindern, die aufgrund biografischer Traumata, Lernbeeinträchtigungen oder mangelnder Förderung in den ersten Lebensjahren Auffälligkeiten zeigen. Sie ist selbst Mutter zweier Kinder und vermittelt Kindern und Eltern, wie Lernen entspannt und spielerisch ablaufen kann, wie ohne Druck wichtige Basiskompetenzen im Alltag gefestigt werden und was die Grundlagen für eine feste Bindung zwischen Eltern und Kind sind.

Die Bilder in diesem Buch stammen von der Illustratorin und Live-Zeichnerin **Charlotte Hofmann.** Sie studierte an der Fachhochschule Münster Design und gibt Comic-Zeichenworkshops in Deutschland und der Schweiz.

Jutta Gorschlüter, Marie Gorschlüter

Mit Kindern kommunizieren, lernen und spielen

Erziehung im Alltag gestalten

Verlag W. Kohlhammer

Dieses Werk einschließlich aller seiner Teile ist urheberrechtlich geschützt. Jede Verwendung außerhalb der engen Grenzen des Urheberrechts ist ohne Zustimmung des Verlags unzulässig und strafbar. Das gilt insbesondere für Vervielfältigungen, Übersetzungen, Mikroverfilmungen und für die Einspeicherung und Verarbeitung in elektronischen Systemen.

Die Wiedergabe von Warenbezeichnungen, Handelsnamen und sonstigen Kennzeichen in diesem Buch berechtigt nicht zu der Annahme, dass diese von jedermann frei benutzt werden dürfen. Vielmehr kann es sich auch dann um eingetragene Warenzeichen oder sonstige geschützte Kennzeichen handeln, wenn sie nicht eigens als solche gekennzeichnet sind.

Es konnten nicht alle Rechtsinhaber von Abbildungen ermittelt werden. Sollte dem Verlag gegenüber der Nachweis der Rechtsinhaberschaft geführt werden, wird das branchenübliche Honorar nachträglich gezahlt.

Dieses Werk enthält Hinweise/Links zu externen Websites Dritter, auf deren Inhalt der Verlag keinen Einfluss hat und die der Haftung der jeweiligen Seitenanbieter oder -betreiber unterliegen. Zum Zeitpunkt der Verlinkung wurden die externen Websites auf mögliche Rechtsverstöße überprüft und dabei keine Rechtsverletzung festgestellt. Ohne konkrete Hinweise auf eine solche Rechtsverletzung ist eine permanente inhaltliche Kontrolle der verlinkten Seiten nicht zumutbar. Sollten jedoch Rechtsverletzungen bekannt werden, werden die betroffenen externen Links soweit möglich unverzüglich entfernt.

Illustrationen: Charlotte Hofmann

1. Auflage 2023

Alle Rechte vorbehalten
© W. Kohlhammer GmbH, Stuttgart
Gesamtherstellung: W. Kohlhammer GmbH, Stuttgart

Print:
ISBN 978-3-17-042383-1

E-Book-Formate:
pdf: ISBN 978-3-17-042384-8
epub: ISBN 978-3-17-042385-5

Inhalt

Vorwort	7
Der Schlüssel zum entspannten Alltag mit Kind	9
Sprache und Sprechen	**13**
»Guck mal, ein Wauwau!« – Macht Babysprache Sinn?	13
»Apfel, Amsel, Ananas!« – Was den Wortschatz wachsen lässt	15
»Was machst du da?« – Fragen eröffnen die Welt	21
Kommunikation und Erziehung	**25**
»Darf ich das?« – Regeln und Grenzen auf Augenhöhe	27
»Ja oder Nein?« – Die Wirkung positiver und negativer Sätze	43
»Wenn du nicht sofort …!« – Was Strafen und Drohungen bewirken	50
»Ich möchte das!« – Was dürfen Kinder entscheiden?	56
»Ich bin wütend!« – Wie wir auf aggressives Verhalten unserer Kinder reagieren können	62
»Du Blödmann!« – Wie ein gelungener Umgang mit Schimpfwörtern aussieht	68
»Sei brav!« – Müssen Kinder sich »gut benehmen«?	70
»Sie ist so anstrengend!« – Was Kinderohren alles hören	74
»Gut gemacht!« – Tut Lob gut?	76
»… dann darfst du gleich fernsehen« – Die Sache mit den Belohnungen	80
»Aua, mein Bein!« – Was bei Ängsten und Schmerzen hilft	82
»Ich mag das nicht« – Wie wir die Grenzen unserer Kinder achten	87
»Ist alles gut?« – Wie wir unsere Kinder im Umgang mit ihren Gefühlen unterstützen	90
»Ein voller Bauch …« – Der Wohlfühl-Akku	93
»Guck mal, eine Schnecke!« – Das wunderbare Tempo der Kinder	95
»Freitags ist Spaghetti-Tag!« – Wie Familienrituale Sicherheit geben	98
»Ich brauch mal 'ne Minute« – Entspannte Eltern	**100**
»Und nochmal durchsaugen …« – Wie Haushalt mit Kind funktionieren kann	103

Psst, spielende Kinder! – Warum Lernen und Spielen dasselbe ist ... **106**
»Grrrrr, ich bin ein Drache!« – Der kindliche Spielprozess 109
»Ich hatte das grade!« – Wie das Spiel unter Kindern entspannter wird 110
»Das ist meins!« – Müssen Kinder teilen? 117
Bauklotz, Bahn und Bobbycar – Was macht gutes Spielzeug aus? ... 120

»Was soll denn mein Kind nun alles können?« – Der lerntherapeutische Blick **129**
Der Bereich der Sprache 131
Der Bereich der Logik 132
Der Bereich der Orientierung 134
Der Bereich der Feinmotorik 135
Der Bereich der Grobmotorik 136
Der Bereich von Konzentration und Gedächtnis 137

Auf den Punkt gebracht **139**

Vorwort

Elternsein ist der großartigste, spannendste und oft auch der herausforderndste Job der Welt. Unsere Kinder kommen zu uns als kleine Wundertüten und wir können nur erahnen, was alles in ihnen steckt, welche Talente, Fähigkeiten und Eigenarten sie mit sich bringen. Die Beziehung zu unseren Kindern wird dabei natürlich in hohem Maße dadurch beeinflusst, wie wir mit ihnen sprechen, was wir ihnen vorleben, was wir in unserem Alltag mit ihnen für Prioritäten setzen.

Um zu zeigen, was dies ganz konkret heißt, ist dieses Buch vollgepackt mit Beispielen aus dem Eltern- bzw. aus dem Kinderalltag. Es soll Eltern in ganz konkreten Situationen mit praktischen Tipps zur Seite stehen. Als Lerntherapeutin ist mein Blick hier nicht nur der einer Mutter, sondern auch immer geprägt durch die vielen Momente und Erfahrungen aus der Praxis, die ich im Laufe der Jahre mit Kindern sammeln konnte.

Ich erlebe dort Kinder, die sich beim Lernen schwer tun. Großartige Kinder mit tollen Qualitäten, die jedoch oft mit einem enorm geringen Selbstwertgefühl vor mir sitzen. Die sich wenig zutrauen, nicht um ihre eigenen Stärken wissen und dementsprechend in vielen Bereichen wenig Motivation zeigen, sich auf Neues einzulassen. Kinder, die bei vielen Dingen an ihre Grenzen stoßen – insbesondere beim Lernen. Sei es im sprachlich-kommunikativen, logischen oder motorischen Bereich.

Dafür gilt es, zu wissen, dass die ersten Jahre unseres Lebens die Basis für alles, was noch kommt, ebnen: Für das Lernen, für die anhaltende Motivation Neues entdecken zu wollen, für Mut, Vertrauen, Stärke, Kreativität, Sprache, Logik und eben für viele Fähigkeiten, die für das Lernen und Leben unglaublich wichtig sind.

- Was können wir als Eltern also tun, um die Beziehung zu unserem Kind von klein an zu festigen? Eine Beziehung, deren starke Basis weit über die Kindheit hinausgeht?
- Was können und sollten wir unseren Kindern mitgeben, damit sie zu verantwortungsbewussten, respektvollen und selbstsicheren Menschen heranwachsen können, die um ihre Stärken wissen und glücklich sind?
- Wie können wir unsere Kinder spielerisch, ohne viel Aufwand und ohne Druck im Alltag bei der Festigung vieler wichtiger Basiskompetenzen in den verschiedenen Lernbereichen unterstützen? Was bringen wir unseren Kindern bei und worauf kommt es tatsächlich an?
- Wie unterstützen wir unsere Kinder darin, ihren natürlichen Drang Neues auszuprobieren, ihren Mut, ihre Entdeckerfreude beizubehalten?

- Und wie gestalten wir den Alltag mit unseren Kindern so, dass die Kommunikation für beide Seiten entspannt und stressfrei stattfinden kann?

Schauen wir uns an, wo sich die unglaublich vielen Möglichkeiten und Momente verstecken, die uns helfen, eine liebevolle, einfühlsame und verständnisvolle Kommunikation im Alltag mit unseren Kindern zu führen, unsere Kinder und das Band, das sie mit uns verbindet, stark zu halten.

Das Buch ist an vielen Stellen in der Ich-Form geschrieben, da sich die beschriebenen Situationen zu einem Großteil auf Erfahrungen beziehen, die hauptsächlich an meine Person (Marie) geknüpft sind. Dennoch ist es mir sehr wichtig zu betonen, dass die Basis für dieses Buch, das gemeinsame Erarbeiten der Inhalte, der Austausch in einem hohen Maße an meine Mutter Jutta geknüpft sind. Ich danke ihr von Herzen für den regen Austausch und dafür, dass sie mir und meinen Brüdern von klein an all das Wissen vorgelebt hat, auf welches ich nun im therapeutischen und täglichen Umgang mit den Kindern zurückgreifen kann.

Der Schlüssel zum entspannten Alltag mit Kind

Viele Eltern sehen sich heute unter einer Flut von Ratgebern begraben, die ihnen sagen, wann sie ihr Kind wie zu fördern, zu erziehen und wann sie in die kindlichen Entwicklungsprozesse einzugreifen haben, um ihrem Kind das Beste zu ermöglichen. Da ist es verständlich, dass dies nicht selten zu einer völligen Verunsicherung darüber führt, wann jetzt welche Förderung, welche Methodik und welche Form der Erziehung richtig sei.

Wir Eltern planen und tun und machen. Doch häufig läuft eben nicht alles nach Plan, egal wie wunderbar dieser durchdacht ist. Denn, seien wir einmal ehrlich, Kinder sind nicht immer von dem begeistert, was wir uns »Spannendes« überlegt haben, der Alltag mit Kind ist eben oft unvorhersehbar und nicht wie im Bilderbuch. Und das ist auch gut so. Denn genau dieses Unvorhersehbare, dieses Spontane – so anstrengend es manchmal sein mag – birgt wundervolle Chancen, neue Wege mit unseren Kindern zu gehen.

Überhöhte Erwartungshaltungen und die leise Hoffnung auf den »perfekten Alltag« führen dabei nicht selten dazu, dass Eltern frustriert und enttäuscht sind, wenn das Leben mit Kind nicht der Wunschvorstellung entspricht, die sie bewusst oder unbewusst in ihren Köpfen hatten. Der gesellschaftliche Druck dabei, ein Kind zu »erziehen«, das sich »gut benimmt«, das seinem Alter entsprechend in der Lage ist, Dinge zu tun, das vielleicht auch in den Rahmen passt, den sein Geschlecht oder sein soziales Umfeld ihm vorgeben und das später in der Schule und beruflich Erfolge verzeichnen kann, ist dabei zusätzlich für viele nicht unwesentlich – oft tatsächlich, ohne dass man sich dieser Tatsache in all ihrem Ausmaß als Eltern immer bewusst wäre.

Doch so vorbildlich die Intention sein mag, ist die Frage, die sich hier stellt: Sollten wir wirklich planen, was »aus unserem Kind später wird«? Können wir das überhaupt? Können wir es in seinen Vorlieben beeinflussen, wenn wir der Ansicht sind, es sei besser für das Kind »so« oder »so« zu sein? Wenn wir das Kind in eine bestimmte Richtung »erziehen«, handeln wir auf diesem Wege wirklich im Sinne des Kindes?

»Erziehung« – eigentlich gibt dieses Wort nicht das wieder, was das alltägliche Spiel, das Hin und Her zwischen Eltern und Kindern beschreiben sollte. Erziehung klingt zu sehr nach »ziehen« – als würde man an einer Blume ziehen, damit sie höher, schöner, besser wächst. Wir wissen, dass das nicht funktioniert. Eine Blume wächst, wie sie wächst. Ein Ziehen würde wenn dann dazu führen, dass sie abknickt oder reißt und im schlimmsten Fall dann eben gar nicht weiterwächst, wie sie es eigentlich getan hätte.

Wir wollen alle das Beste für unser Kind, da sind wir uns sicherlich einig. Doch Kinder sind keine Projekte. Sie sind eigenständige, individuelle Wunderwerke, die unglaubliches Potenzial in sich tragen. Es ist daher nicht unsere Aufgabe, sie zu formen und ihnen vorzugeben, wie sie sein sollen. Im Gegenteil ist es ein großer Gewinn, wenn wir sehr bewusst darauf achten, dass wir unsere Kinder nicht zu Objekten elterlicher Erwartungen machen. Sich dies bewusst zu machen, ist nicht selten ein herausfordernder Prozess, denn es gilt, loszulassen an einem »Unser Kind soll ... Tennis spielen, so wie ich ... gut sein in Mathe, so wie Oma ... später etwas Künstlerisches machen, ... Arzt werden, wie Papa ...«. Solche oder ähnliche Wünsche trägt wohl jeder Elternteil bis zu einem gewissen Grad in sich. Mal mehr, mal weniger bewusst. Doch eine solche Herangehensweise birgt die Gefahr, viele andere Kompetenzen, Fähigkeiten und Talente unseres Kindes aus dem Blick zu verlieren. Wie traurig wäre es, würden wir unser Kind in eine Richtung drängen, für die es sich nicht von sich aus begeistern kann. Wir möchten doch, dass unsere Kinder vor allem eines sind: glücklich. Dafür sollten wir ihnen die Chance geben, sich in genau die Richtung zu entfalten, die sich für sie richtig anfühlt. Für sie. Nicht für uns. Diese Richtung kann und darf weit entfernt von dem sein, was wir gerne hätten.

Es ist also an uns, ein Umfeld zu schaffen, in dem sich unser Kind sicher und frei zu dem entfalten kann, was es in sich trägt, was es wird, was es sein möchte. Es ist an uns als Eltern, den Kindern Raum zu lassen, sich zu dem entwickeln, was sie sein möchten.

Dass das nicht immer einfach ist, muss man sicherlich keinem Elternteil erzählen. Nicht selten erlebt man, dass Kinder für die Dinge, die den elterlichen Vorstellungen entsprechen, gelobt und vorangetrieben werden – sicherlich meist in den besten Absichten. Wir laufen dabei jedoch Gefahr, dass unsere Kinder selbst das Gefühl dafür verlieren, was eigentlich **ihre** innerste Vision wäre, was **sie** gerne können würden, wofür **sie** sich eigentlich begeistern würden – sie reagieren nur auf die Wünsche der Eltern und verbiegen sich, ohne es zu merken, in eine Richtung, in die **sie** vielleicht von sich aus niemals gelaufen wären. Je häufiger und länger dies passiert, desto weniger können sich diese Kinder auch im Laufe ihres Lebens gar nicht mehr darauf zurückbesinnen, was **sie** eigentlich einmal machen wollen, wo eigentlich einmal **ihr** ganz individueller Kern sie hingelockt hätte, wo **sie** sich eigentlich hätten verwirklichen wollen.

Wie gesagt, ich unterstelle allen Eltern an dieser Stelle eine durchweg positive Absicht. Und dennoch lohnt es sich, hier sehr wachsam zu sein. Hinzu kommt, dass man im Alltag mit Kind fast täglich auf Situationen stößt, in denen entweder die Eltern oder die Kinder an ihre Grenzen kommen – körperlich und emotional, weil Dinge eben nicht nach Plan laufen, weil es unterschiedlichste Konflikte gibt, die irgendwie gehandhabt werden müssen, weil irgendjemand einfach keine Energie mehr hat, erschöpft oder gelangweilt ist.

Und natürlich gibt es wohl niemanden, der in JEDER Erziehungssituation ALLE Grundregeln der gelungenen Kommunikation beachtet und IMMER vollkommen ruhig, entspannt und konsequent handelt – übrigens auch nicht die »Erziehungsprofis«. Jeder ist gelegentlich gestresst, übermüdet und reagiert mal »vollkommen daneben«. Und auch das ist in Ordnung. So sehr wir unsere Kinder lieben, Elternsein ist eben ein Fulltime-Job, der gelegentlich wirklich an den Nerven zerren kann.

Es ist jedoch viel gewonnen, wenn man sich die Basis einer entspannten Kommunikation bewusstmacht und darum weiß. Es geht bei dieser Basis niemals darum, die eine Erziehungsmethode gegen die andere in den Bewertungsvergleich zu stellen. Es ist vollkommen gut und richtig, dass wir als Eltern nicht alle vollkommen gleich erziehen.

Zunächst ist bei Erziehung erst einmal wichtig: Erziehung sollte sich richtig anfühlen. Sie sollte uns als Eltern ein Bauchgefühl vermitteln, das uns sicher sein lässt, unserem Kind – und somit indirekt auch uns – etwas Gutes zu tun. Unser Bauchgefühl, unsere Intuition, ist etwas, was in der heutigen Gesellschaft traurigerweise nicht mehr viel Beachtung bekommt – Rationalität und Logik haben der Intuition leider in vielen Situationen den Platz genommen. Dabei ist gerade dieses Bauchgefühl der beste natürliche Kompass, den wir haben, um herauszufinden, was »richtig« ist, was sich gut anfühlt, wie etwas sein darf, wie wir sein dürfen. Das mag in der Erziehung dann individuell bei den einen so aussehen, bei den anderen so. Denn sicher gibt es Eltern, die sich nicht an einem Hüpfen des Kindes auf dem Bett stören, während andere hier schon eine Grenze überschritten sehen.

Wenn es also gar nicht an einer konkreten Erziehungsmethode hängt, was wir unserem Kind mitgeben, was ist es dann? Eigentlich ist es ganz einfach:

- Der Schlüssel zu einer gelungenen und harmonischen Familiensituation ... sind wir Eltern.
- Der Schlüssel zu einem selbstbewussten Kind, das um seine Stärken weiß, das sich geliebt fühlt und mit offenem umsichtigen Blick durch die Welt geht, ... sind wir Eltern.
- Der Schlüssel zu einem Kind, das auch im Erwachsenenalter noch zu uns kommt, sich uns anvertraut und unseren Rat sucht, ... sind wir Eltern.
- Der Schlüssel zu einem glücklichen Kind, das seinen eigenen Weg geht, ... sind wir Eltern.

Denn die Basis für all das, was in diesem Buch an konkreten Tipps zu finden ist, bildet nur eines: Eine intensive und ehrliche Beziehung zu unserem Kind. Ein sicherer Hafen. Ein Ankerpunkt, zu dem unser Kind jederzeit zurückkommen und auf den es mit absoluter Sicherheit vertrauen kann. Ein Rahmen, in dem unser Kind so sein darf, wie es ist. In dem es mit all seinen Eigenarten gesehen, angenommen und angeregt wird, sich selbst und die Welt um sich in seiner kindlichen/kindischen Art im Spiel zu entdecken.

Spannend ist in diesem Zusammenhang, dass das Wort »kindisch« in Alltagssituationen häufig sehr negativ verwendet wird. »Sei nicht so kindisch!« klingt es dann etwa. Dabei ist gerade das »kindische« Verhalten, eben das Verhalten der Kinder, genau das, was sie zu dem Wunderbaren macht, was sie sind. Denn das »Kindische«, was die Kinder mit sich bringen, zeigt sich besonders in ihrer Spontaneität, ihrer Unvoreingenommenheit, Kreativität und ihrer schier grenzenlosen Begeisterungsfähigkeit für Kleinigkeiten.

Im Idealfall ist Erziehung daher nicht einseitig. Nicht nur die Kinder können von uns lernen. Im besten Fall lassen wir es zu, auch von ihnen zu lernen. Wenn wir es als Erwachsene schaffen, in dem einen oder anderen Alltagsmoment etwas »kindischer« zu sein und Situationen aus den Augen eines Kindes zu betrachten, können wir entdecken und erfahren, was ein solches Verhalten für wunderbare Möglichkeiten für die Eltern-Kind-Zeit in sich trägt.

Sprache und Sprechen

»Guck mal, ein Wauwau!« – Macht Babysprache Sinn?

Die meisten Eltern machen es intuitiv richtig, indem sie mit ihren Babys und Kleinkindern etwas langsamer sprechen, wichtige Wörter betonen und diese häufiger wiederholen. Sie bilden kürzere Sätze und sprechen bei Babys oft mit etwas erhöhter Stimme. Man hat herausgefunden, dass Babys diese etwas höhere Tonlage besser wahrnehmen können und als angenehmer empfinden.

Manchmal hört man jedoch auch, dass Eltern mit ihren Kindern sprechen, indem sie sogenannte »Babywörter« benutzen. Das klingt dann etwa so: »Heia machen«, »Aua haben«, »Ei ei machen« oder »Winke winke machen«, »Wauwau«, »Teita gehen« usw.

Hier passiert Folgendes: Das Kind soll lernen, dass Dinge und Tätigkeiten Namen haben. Das lernt es natürlich ohnehin. Ziel ist, dass ein Kind irgendwann weiß: »Das Tier da heißt HUND.« Wenn ich jedoch einem Kind zuerst ein »falsches« Wort beibringe, nämlich das Wort »Wauwau« für Hund, mache ich es ihm gar nicht, wie oft angenommen, einfacher. Denn das Kind lernt jetzt: »Aha, dieses Tier heißt Wauwau.« Und merkt sich das. Bis irgendwann jemand kommt und sagt: »Das ist ein Hund.« Jetzt muss das Kind das alte Wort aus dem Repertoire löschen und durch das neue richtige ersetzen. Das hat zur Folge, dass das Kind sich zweimal anstrengen muss, sich dieses Tier mit richtigem Namen zu merken. Vorteilhaft wäre es, ihm gleich beim ersten Mal das richtige Wort zu sagen.

Neurologisch ist seit Langem erwiesen, dass das Umlernen (also das zuerst Gelernte zu löschen und gegen das Neugelernte auszutauschen) für das Gehirn mit deutlich mehr Anstrengung verbunden ist, als es direkt korrekt abzuspeichern.

Für Kinder ist dieses Prinzip von »Das ist ein Hund und der macht wuff« übrigens wichtig für das spätere Erlernen der Buchstaben. Sie müssen nämlich irgendwann unterscheiden können: Dieser Buchstabe heißt F (gesprochen »eff«) und in einem Wort klingt der Buchstabe F, als würde die Luft aus einem Luftballon entweichen. Diese Unterscheidung ist essenziell, um richtig Schreiben und insbesondere Lesen zu können. Und das Prinzip ist eben dasselbe, wie bei »Das Tier heißt Hund und der klingt bzw. macht wuff«.

Zur Babysprache gehört auch, dass die meisten Eltern zunächst von sich und auch von dem Kind in der dritten Person sprechen.

- Papa zum Kind gerichtet: »Papa hat auch Hunger.«
- Mama zum Kind gerichtet: »Guck mal, Spatz, Mama hat dir eine Blume gemalt.«
- Eltern an Frida gerichtet: »Na, möchte Frida auch etwas trinken?«

Da das Kind zunächst natürlich lernen soll, wie sein eigener Name lautet und wie die anderen heißen, ist diese Vorgehensweise durchaus nachvollziehbar. Auch weil Kinder natürlich erst einige Zeit brauchen, um das Konzept von »Ich«, »Du« etc. zu verstehen. Wichtig ist hier allerdings – spätestens nach dem zweiten Geburtstag – den Absprung zu schaffen, zu einer Sprache, wie wir sie normalerweise sprechen. Denn es sagt doch nicht Lara morgens zu ihrem Mann Claas: »Schatz, Lara hat Hunger. Hat der Claas auch Hunger?«

Das Kind soll auf diesem Wege auch den sicheren Umgang mit Personalpronomen (»ich«, »du«, »wir«, …) ebenso wie mit besitzanzeigenden Fürwörtern (»mein«, »dein«, »unser«, …) erlernen. Um hier Sicherheit zu erlangen, sollte in Gesprächen mit dem Kind diese Wörter auch als so normal verwendet werden, wie sie eben sind. Abgesehen davon hat eine Aussage wie »Die Mama möchte nicht, dass du ihr an den Haaren ziehst!« viel weniger Aussagekraft als ein »ICH möchte das nicht!«.

> Auch mit kleinen Kindern und sogar Babys sollte man also schon sprachlich angemessen und »vernünftig« sprechen. Natürlich langsam, verständlich und ihrem Wortschatz angemessen, aber eben trotzdem »normal« und in dem Wissen, dass sie dadurch sehr schnell viel Neues lernen – und ohnehin schon viel mehr verstehen, als sie bis dahin aktiv sprechen können.

Denn der passive Wortschatz (also das, was ich verstehe) ist immer größer als der aktive (also das, was ich selber schon an Wörtern beim Sprechen verwenden kann). Dieses Phänomen kennt jeder, der schon einmal eine Fremdsprache gelernt hat. Man versteht schnell eine Menge. Das aber in eigene Sätze zu verpacken und selber frei zu sprechen, ist bekanntermaßen eine ganz andere Sache.

Kindern geht es ganz ähnlich. Nur weil sie viele Wörter noch nicht aussprechen und verwenden können, heißt das nicht, dass sie sie nicht verstehen. Man kann oft beobachten, dass Kinder, mit denen man seit Geburt sehr differenziert gesprochen hat, wenn sie dann selbst beginnen zu sprechen, plötzlich auf einen unglaublichen Wortschatz zurückgreifen können. Denn Kinder sind schon früh in der Lage, zu lernen, dass dies ein Dackel und der andere ein Dalmatiner ist. Und dass beides

Hunde sind. Sie können sich ebenso sehr wohl merken, dass dies eine Butterblume und das da ein Löwenzahn ist.

Diese Unterscheidung ist außerdem so wichtig, weil Kinder auf diese Weise trainieren Ober- und Unterkategorien zu bilden: »Tisch, Stuhl, Bank und Sessel – das sind alles ... Möbel!« Diese Fähigkeit wird in fast allen Intelligenztests überprüft. Sie ist für das Lernen, wie auch allgemein im Leben, sehr wichtig. Wenn ich in Kategorien denken und damit Dinge einordnen kann, erkenne ich schneller Parallelen und logische Zusammenhänge, was wiederum allgemein bei der Orientierung hilft und somit Sicherheit gibt.

»Apfel, Amsel, Ananas!« – Was den Wortschatz wachsen lässt

Wenn ich mein Kind beim Sprechenlernen unterstützen möchte, hilft es, wenn ich schon früh damit beginne, sprachlich zu kommentieren, was ich gerade tue bzw. was das Kind gerade tut. So hört mein Kind wiederholt die Begriffe für Dinge und Tätigkeiten (und die logischen Abläufe dazu).

- »So, jetzt schütte ich das Mehl in die Rührschüssel. Jetzt brauchen wir noch den Schneebesen. Oh, du hältst den ja schon in der Hand ...«
- »Oh, da halten wir uns jetzt besser mit den Händen gut fest, wenn wir zusammen auf der Schaukel sitzen!«
- »Schau mal, dieser Schraubendreher mit dem Kreuz passt zu unserer Schraube. Damit ziehen wir die Schraube ganz fest.«

- »Jetzt warten wir noch fünf Minuten und dann kommt schon Opa. Lass uns mal auf der Uhr nachsehen, wo die Zeiger stehen. Oh, der eine ist auf der 8. Die sieht ja aus wie ein Schneemann.«

Kommentieren kann ich insbesondere auch Abläufe, die bei dem Kind vielleicht noch unsicher sind. »Hm, hast du eine Idee, warum der Klotz nicht in das eckige Loch passt? Siehst du ein anderes Loch im Holzwürfel, in das der Klotz hineinpasst?«

Tatsächlich ist es so, dass wir mit unserem Kind quasi von Geburt an sprechen sollten, als würde es alles verstehen. »So, jetzt ziehen wir mal die Windel aus. Oh, da ist dein Popo schon ganz nackt. Was brauchen wir denn jetzt? Hier ist eine Socke – schau mal, die hat Punkte.« Auch wenn selbstverständlich zunächst verbal wenig zurückkommt. Nach und nach werden wir an den Reaktionen unseres Kindes sehen, dass es uns versteht.

Ich rege mein Kind zusätzlich zum Sprechenlernen an, indem ich beim Kommentieren bewusst Adjektive und Erklärungen verwende. Anstatt zu sagen: »Schau mal, ein Hund« kann ich sagen: »Schau mal, ein alter Hund. Der läuft ganz langsam und hat schon graue Haare.« Anstatt zu sagen: »Oh, da fährt ein Trecker«, kann ich sagen: »Oh, da fährt ein grüner Trecker. Hat der aber dicke Reifen«. Schon habe ich dem Kind neue Adjektive beigebracht, hier konkret: verdeutlicht, woran man einen alten Hund erkennt bzw. eine Farbe mit dem Kind trainiert. Vertrauen Sie dabei auf die Kraft der Nachahmung! Glauben Sie mir, Sie werden sehr schnell an Ihrem Kind hören, welche Formulierungen Sie – bewusst oder unbewusst – häufig verwenden. Noch vor einigen Tagen hörte ich wie unser 3-Jähriger zu dem Baby einer meiner Freundinnen genau so sprach und seine Worte betonte, wie ich es mit seiner kleinen Schwester tue. »Hallo Nika, ja was machst du denn da, du kleine Maus? Möchtest du ein Stück Banane? Oh, das lässt du dir nicht zwei Mal sagen.«

In einigen Situationen ist es besonders wichtig, dass man sprachlich kommentiert, was man gerade tut. Dieser Zeitpunkt ist immer dann, wenn es darum geht, das Kind auszuziehen, es zu wickeln, das Gesicht sauber zu wischen, ihm die Nase zu putzen, es einzucremen etc. Denn: Ein Kind ist nun einmal kein Gegenstand. Es soll somit wissen, warum es jetzt ausgezogen wird. Es sollte vorgewarnt werden, bevor ein nasser Waschlappen oder eine kalte Creme in seinem Gesicht landet, bevor ihm die Hose zum Wickeln heruntergezogen wird etc. Wie unangenehm wäre es, wenn es jederzeit damit rechnen müsste, dass eine Hand angeschossen kommt und ihm unvermittelt im Gesicht herumwischt.

Allgemein gilt: Auch einem Eineinhalbjährigen darf ich bereits erklären oder zeigen, warum wir die Reifen des Autos im Winter wechseln, was der Handwerker dort macht, welche Gewürze ich in welches Gericht hineinrühre und welche Vogelart wie singt.

In den ersten Lebensjahren lernen Kinder so viele neue Wörter, wie nie wieder in ihrem Leben. Sie sind in diesen Jahren wie Schwämme, die alles Neue aufsaugen und abspeichern. Wieso also sollte man diesen Zustand nicht (selbstverständlich ohne Druck!) spielerisch nutzen, um die Kinder schon mit vielen Unterscheidungen und Begriffen vertraut zu machen? Irgendwann sollen sie es ohnehin lernen. Wer vieles dann bereits kennt, ist definitiv im Vorteil. Noch einmal zur Erinnerung: In diesen Situationen ist es wichtig, sich zu vergegenwärtigen, dass Kinder viel mehr verstehen, als sie bereits sprechen können.

Ein großartiges »Werkzeug« auf dem Weg zu einem bunten, vielfältigen und großen Wortschatz, sind Geschichten. Diese dürfen frei erzählt oder vorgelesen werden. Es gibt ja bekanntermaßen unzählige Kinderbücher in allen nur denkbaren Ausführungen. Betrachtet man diese Auswahl aus der Sicht der Sprachförderung, gibt es einige Dinge, die man beachten kann. Wenn wir möchten, dass unsere Kinder einen großen Wortschatz entwickeln, kann ich das mit dem Vorlesen sehr gut erreichen. Wichtig ist dabei natürlich, dass die Bücher dem Alter des Kindes angemessen sind: Überfrachtete Bilder überfordern gerade kleinere Kinder häufig. Im Idealfall entsprechen die ersten Abbildungen, mit denen ein Kind in Büchern konfrontiert wird, der Realität so, wie sie das Kind selbst vorfinden könnte: Das heißt, die Tiere sehen aus wie Tiere – sie haben keine Kleidung an, wohnen nicht in Häusern und fahren auch kein Auto. Das Kind ist ja noch in der Phase, überhaupt zu verstehen, was etwa in Wald und Wiese alles lebt. Dabei helfen realistische Bilder, damit es Lebewesen und Dinge und ihren Bezug zueinander richtig einordnen kann.

Es gibt ebenso Bücher, die auf Knopfdruck naturgetreue Tierstimmen wiedergeben. Zunächst einmal spricht überhaupt nichts dagegen. Viele Kinder finden das sehr spannend. Man sollte sich allerdings bewusst machen, dass ein Buch mit Tierstimmen nicht den Gang durch den Wald ersetzen kann, bei dem man gemeinsam nach dem Specht horcht.

> Grundsätzlich gilt: Je häufiger ich diesen Moment wahrnehme, in dem das Kind aufmerksam die Ohren spitzt, weil es etwas Interessantes gehört hat, desto mehr habe ich die Möglichkeit, hier etwas Wichtiges zu schulen: Die akustische Unterscheidung.

Je häufiger ich auf diesen »Oh, ich hab etwas gehört!«-Ausdruck meines Kindes reagiere und dann nachfrage »Was hörst du denn? War das ein Frosch?«, desto besser wird mein Kind erst Geräusche und bald schon kleine Klänge unterscheiden können. Denn Autos machen unterschiedliche Geräusche, ebenso wie die Tiere. Das sogenannte »differenzierte Hören« ist eine Fähigkeit, die für das Lesen- und Schreibenlernen von großer Bedeutung ist, denn dafür sind winzige akustische Klangunterschiede wahrzunehmen (wie etwa bei den Lauten d und b).

Viele Kinder mögen Bücher, in denen Alltagsabläufe vorkommen: Ein Buch über Pia, die mit Mama und Papa in den Park geht; ein Buch darüber, wie Pflanzen wachsen, wie Emil aufs Töpfchen geht usw. … Alltagsthemen fordern die Kinder auf, das Verhalten im Buch auf ihr eigenes zu übertragen.

Reimbücher unterstützen ebenfalls das Sprechen, weil sie die Kinder auf noch stärkere Weise animieren, das letzte Wort einer Zeile selbst zu ergänzen: »Es war einmal ein Hase, mit einer roten …«

Reimen zu können und Reimwörter bzw. Reimklänge zu erkennen, hilft, an vielen Stellen die Schreibweise von Wörtern besser abspeichern zu können. Wenn ich weiß, wie man »Hase« schreibt, ist das Wort »Nase« kein Problem mehr. Je mehr ich also Ähnlichkeiten und Reime heraushören kann, desto eher erkenne ich diese Parallelen auch in Schreibweisen, was einer Menge Anstrengung beim Rechtschreiblernen vorbeugt.

Um das Sprechen beim Vorlesen anzuregen, bietet es sich ebenfalls an, in einem Buch mit z. B. vielen Enten darin, auf jede Ente zu zeigen und zu sagen: »Hm, wo sehe ich denn überall Enten? Ach da – eine Ente, noch eine Ente, noch eine Ente, noch eine …«, und dann das Kind das passende Wort, das es ja gerade wiederholt gehört hat, ergänzen zu lassen. Dafür braucht es an sich nicht einmal ein Buch, ein Schlafanzug oder irgendeine sonstige Abbildung täte es ebenso.

Es gibt Kinder, die bereits früh gerne auch über einen längeren Zeitraum beim Vorlesen zuhören und, auch ohne dass sie alles verstehen, einfach gerne während des Vorlesens entspannen. Andere Kinder blättern vielleicht mit hohem Tempo die Seiten durch und man kommt als Elternteil kaum dazu, einen Satz zu lesen. Hier lohnt es sich, genau zu schauen, für welche Themen sich das Kind besonders begeistern kann, was es spannend findet und dazu die Bücher passend auszuwählen.

Ganz kleine Kinder ahmen uns nach, sie hören die Laute, Silben und Wörter, die wir beim Lesen bilden. Je mehr sie dabei unsere Begeisterung spüren, desto aufmerksamer werden sie ihre Ohren spitzen. Dann ist auch der Inhalt des Buches nachgewiesenermaßen nur sekundär – selbst bei Texten, die für ein Kind vermeintlich noch zu anspruchsvoll sind, lauschen sie oft interessiert, solange der vorlesende Elternteil mit Elan bei der Sache ist.

Ein weiterer Tipp, der das Vorlesen für viele Kinder zu einem spannenden Erlebnis macht, ist der, dass wir als Eltern für die richtige Stimmung und Atmosphäre sorgen: Ein gemeinsames Einkuscheln in den Bettenberg mit Taschenlampe schafft einen Vorlesemoment, der nachhaltig unter die Haut geht. Ein Froschbuch, das mit den planschenden Kinder- und Elternfüßen im Wassereimer vorgelesen wird, prägt sich mit großer Wahrscheinlich als eine zauberhaft sorglose Erinnerung ein.

Die meisten Kinder – egal welchen Alters – lieben es ebenfalls sehr, wenn Mama oder Papa die Stimme bei den verschiedenen Figuren im Buch verstellt. Gleiches gilt übrigens auch für das Spiel mit Handpuppen, Kuscheltieren und Co.

Beim Thema Vorlesen gibt es ein weiteres, spannendes Phänomen:

> Jonas möchte zum 100. Mal vor dem Einschlafen das Buch »Die kleine Raupe Nimmersatt« hören. Mama und Papa hängt das Buch aber inzwischen so zum Halse heraus, dass sie bei dem Wort »Raupe« schon die Augen verdrehen. Jonas möchte jedoch partout kein anderes Buch hören.

Hier gibt es Eltern, die versuchen, das Kind von einem anderen Buch zu überzeugen. Schließlich wissen ja nun inzwischen wirklich alle, was die Raupe frisst. Allerdings wäre es durchaus vorteilhaft, Jonas' Wunsch nachzukommen und das gewünschte Buch oder auch die gewünschten Buchseiten so lange zu wiederholen, wie Jonas das möchte. Gleiches gilt für jegliche Art von Fingerspielen, Reimen und Kinderliedern.

> Denn, was Kinder automatisch machen, wenn sie immer wieder denselben Text hören möchten, bis sie diesen mitsprechen können, ist: Sie trainieren unbewusst ihr akustisches Gedächtnis für Sätze.

Dieses akustische Gedächtnis ist dafür zuständig, dass das Kind später in vollständigen Sätzen denken kann. Diese Fähigkeit braucht es, um später freie Texte verfassen zu können. Kinder, die das akustische Gedächtnis für Sätze nur wenig trainiert haben, tun sich häufig schwer beim Formulieren vollständiger Sätze. Das Kind schreibt dann beispielsweise: »Gestern ging ich mit Oma gestern mit Oma in den Wald.« Das klingt wie ein Haufen Bausteine, die mehr oder weniger willkürlich hintereinander gereiht wurden und bei denen das Wichtigste im Satz – in diesem Fall die Oma – gleich mehrfach vorkommt. Also: Auch wenn man die Raupe als Eltern gerne mit Schwung aus dem Fenster befördern würde, lohnt es sich dennoch sehr, diese Runde durch Apfel, Pflaumen, Früchtebrot und Co. noch zum 100. Mal zu drehen.

Es kommt auch vor, dass man als Elternteil versucht eine »Abkürzung« im Buch zu nehmen, in der Hoffnung, das bereits halbschlafende Kind würde es schon nicht mitbekommen. Meist wird dann von Seiten des Kindes umgehend protestiert und der fehlende Satz wortgetreu zitiert. Sollte das der Fall sein: Herzlichen Glückwunsch! Das akustische Gedächtnis für Sätze des Kindes ist dann schon erfreulich warmgelaufen!

Unabhängig von jeglicher Förderung, ebenso unabhängig von der Wahl des Buches: Vorlesen schafft ein Gemeinsamkeitsgefühl. Und im besten Falle Momente, in denen die Kinder sorglos in wunderbare neue Welten eintauchen können.

Kinder bringen die wunderbare Fähigkeit mit, sich voller Begeisterung und Mut in der Welt voranzutasten und alles Neue aufzusaugen. Das gilt eben auch für die Welt des Sprechens. Wo wir als Erwachsene häufig schon in kleinen Smalltalk-Momenten gehemmt sind, uns in einer Fremdsprache auszutauschen – meist aus Sorge, grammatikalische oder Vokabel-Fehler zu machen –, gehen Kinder mit wunderbarer Neugier voran – getrieben von dem unglaublichen Drang diese neue Form der Kommunikation beherrschen zu wollen.

Da dies natürlich ein Lernprozess ist, dauert es seine Zeit, bis Wörter und Satzgefüge sitzen. Leider gibt es Momente, die diese Lernfreude bei kleinen Kindern bremsen. Das geschieht immer dann, wenn Kinder in Sprachmomenten korrigiert werden und Sätze hören wie »Nein, so sagt man das aber nicht!« oder ein »Sag das doch bitte richtig!«, »Wie heißt das Wort richtig?«. Stellen wir uns einmal vor, das würde jemand wiederholt mit uns tun. Wie hoch wäre die Chance, dass wir ein gesundes Selbstwertgefühl entwickeln und in die eigene Fähigkeit, Dinge anzugehen, vertrauen?

Luana spricht wiederholt ein Wort falsch aus. Sie sagt immer »Nuni« anstelle von »Schnulli«.

Eine liebevolle und nebenbei für das Lernen durchweg effektivere Alternative zu einem »Nein, das heißt nicht Nuni! Das heißt Schnulli!« wäre, das nicht richtig benannte Wort noch einmal richtig vorzusprechen: »Ach du möchtest deinen Schnuller haben! Den Schnuller kann ich dir holen.« So hat das Kind es gleich zweimal richtig gehört und kann sich das Richtige merken, ohne auf seinen »Fehler« auf belehrende Weise hingewiesen worden zu sein.

Simon sitzt in seinem Autositz und sieht draußen einen LKW vorbeifahren. »Oh, Papa, guck mal! Der Laster hat das Auto geziehst«, ruft er begeistert.

Auch hier bringt es den größten Lerneffekt und ist deutlich entspannter, wenn wir als Eltern einfach den Satz noch einmal richtig vorsprechen: »Oh, du hast Recht. Der LKW hat das Auto gezogen. Ich hab es auch gesehen. Was meinst du, warum er das Auto gezogen hat?«, erkundigt sich der Papa lächelnd. Je häufiger das Wort »gezogen« dann in den nächsten Sätzen vorkommt, desto höher die Anzahl an Wiederholungen, die spielerisch beim Kind zu einem Abspeichern führen, ohne es korrigiert zu haben.

Ein Kleinkind, das bei Wörtern, die es noch nicht ganz korrekt ausspricht, ständig korrigiert und belehrt wird, verliert – im schlimmsten Fall – die Freude daran, neue Wörter lernen zu wollen.

Nutzen wir also ohne korrigierenden Unterton die Chance, dem Kind Wörter richtig vorzusprechen. Einfach, damit es weiß, wie ein Wort heißt. Denn wie bereits erwähnt, ist es für unser Gehirn ein schwieriger Prozess, ein Wort, das wir häufig falsch gesprochen haben, neu und richtig abzuspeichern.

»Was machst du da?« – Fragen eröffnen die Welt

Fragen stellen zu können ist eine der wichtigsten Fähigkeiten für das ganze Leben. Warum ist das so? Wann hilft die Fähigkeit, Fragen stellen zu können?

Durch Fragen erweitert das Kind (und übrigens auch jede/r Erwachsene) seinen Wissens-, Erfahrungs- und Sprachhorizont. Es lernt dadurch neue Wörter und Zusammenhänge kennen und bekommt Anregungen für neue Gedankengänge – sofern auf seine Fragen angemessen eingegangen wird! Etwas zu fragen bedeutet auch, miteinander zu kommunizieren, miteinander im Austausch zu stehen und voneinander zu lernen. Fragen zu stellen ist ein menschliches Grundbedürfnis – man kann dadurch eigene Unsicherheiten überwinden, findet Orientierung in seiner Umwelt und wird in seiner Entwicklung gefördert. Erhalten wir eine angemessene Antwort, fühlen wir uns gut und befreit.

> Es gibt daher keine dummen Fragen! Jede Frage verdient es, ernstgenommen zu werden, auch wenn sie uns als Erwachsene/n vielleicht einmal nicht logisch oder unwichtig erscheinen mag!

Kinder denken anders. Für sie sind viele Zusammenhänge noch längst nicht so klar, wie für uns Erwachsene. Im Idealfall fragen sie also und wissen, dass ihnen – auch wenn sie dieselbe Frage fünf Mal stellen – jemand erklären oder zeigen wird, was sie wissen möchten.

Ein vierjähriges Kind stellt an einem Tag im Schnitt so viele Fragen, wie wir als Erwachsene vielleicht in einer Woche laut formulieren würden. »Was machst du da? Warum machst du das? Darf ich das auch machen? Warum darf ich das nicht machen? Was machst du danach? Warum machst du das danach?« ... Diese Frageschlangen sind ganz typisch für Kleinkinder, die endlich den Wortschatz haben, um fragend »richtig loslegen« zu können. Im besten Fall ist dann jemand da, der sie ernst nimmt und sie ermutigt, Fragen zu stellen, wenn sie Hilfe brauchen, wenn sie etwas wissen möchten oder wenn sie etwas nicht verstehen.

Es ist unglaublich wichtig, den Kindern immer wieder zu vermitteln: Wenn du etwas wissen möchtest, frag! Heißt auch, dass wir ihnen als Eltern ehrlich und authentisch antworten sollten – dabei bleiben wir möglichst tatsächlich bei der Wahrheit. Ein »Die Kekse sind ganz eklig, die ich gerade esse. Die möchtest du gar nicht probieren« oder ein »Geh da nicht dran. Da ist gar nichts Spannendes drin in der Schublade« sind Aussagen, die den Kindern nicht zutrauen, zu verstehen, dass es eben Dinge gibt, die nur für Erwachsene sind, dass man manchmal eben einfach gewisse Dinge nicht darf. Ehrliche liebevolle Erklärungen helfen für den Moment und insbesondere auf Dauer mehr. Kinder sind schlau. Sie verstehen eine Menge Zusammenhänge und Dinge durchaus schon in einem frühen Alter. Aber natürlich darf es auch Dinge geben, die wir den Kindern nicht erklären – zu ihrem Schutz, weil gewisse Themen etwa Angst erzeugen oder sie überfordern würden.

Kurz gesagt: Fragen stellen zu können, heißt,

- sich aus Situationen selbst heraushelfen zu können (»Was mache ich, wenn das nicht klappt?«),
- sich Hilfe holen oder Wissen aneignen zu können (»Wen könnte ich um Rat fragen?« »Wo finde ich zu dem Thema etwas?«),
- sozial stärker zu werden und eigenständig Konflikte zu lösen (»Warum hat Simon wohl gerade so wütend reagiert?« »Was könnte ich anders machen?«) und
- sich selbst weiterzuentwickeln (»Was könnte mir helfen, damit es mir besser geht?«).

Ohne das Hinterfragen von Situationen treten wir als Menschen sozusagen »auf der Stelle«. Das Fragenstellen ist somit in vielerlei Hinsicht eine wichtige Grundlage für die eigene Entwicklung. Wir können es – laut – als Eltern vorleben und unser Kind ebenfalls immer wieder dazu animieren, sich eine clevere Frage zu stellen.

Lilli sitzt vor dem Holzwürfel und versucht den runden Klotz hineinzustecken. Sie probiert es lange alleine, doch es will nicht gelingen. Sie schaut ihren Papa fragend an.

Würde der Papa es nun einfach vormachen, mag für einen Moment Befriedigung beim Kind – und vermutlich auch beim Vater – eintreten. Doch mehr würde eine clevere Frage den Lerneffekt vorantreiben und Lilli mit großer Wahrscheinlichkeit beim nächsten Mal eigenständig überlegen lassen: »Hmm, sehe ich noch ein Loch in dem Steckwürfel, das auch eckig ist? Eines, in das meine Form hineinpasst?« Und wenn es beim nächsten Mal doch noch unsicher ist, reicht meist ein: »Weißt du noch, wie du es letztes Mal gemacht hast? Wo passte der Klotz rein?«

Natürlich geht es immer schneller, es vorzusagen und/oder FÜR das Kind zu machen. Allerdings ist der Lerneffekt dann deutlich geringer. Wenn man in allen Situationen, in denen man die Zeit hat bzw. sich die Zeit nimmt, das Kind mit Fragen animiert, zu überlegen, woran man wohl den Weg zur Lösung erkennen kann, ist der Lerneffekt sehr hoch.

Eine Eigenart, die man in Bezug auf das Fragenstellen häufig beobachten kann, ist, dass viele Erwachsene oftmals indirekt sprechen. Sie sagen beispielsweise »Frag doch, wenn du was wissen möchtest!« oder »Sag Bescheid, wenn du Hilfe brauchst!«, »Frag doch Justin, ob er dir den Roller ausleiht, damit du damit auch fahren kannst.«. Ich kenne viele Kindergarten- und auch Grundschulkinder, die einfach noch nicht wissen, wie sie ganz genau um Hilfe bitten oder Bescheid sagen sollen, wenn etwas nicht in Ordnung ist. Oft fragen Kinder dann einfach nicht – oder sie fragen, aber werden korrigiert, weil sie die Frage »falsch« gestellt haben, was natürlich nicht motiviert, diese Frage ein weiteres Mal zu stellen.

Habe ich also ein Kind, das entweder noch sehr klein ist oder aber sich einfach schwer tut, Fragen zu formulieren, ist es recht einfach, diese Fähigkeit zu unterstützen: Wie bei einer Fremdsprache hilft es am meisten, wenn man die Sätze bzw. Fragen genauso vorspricht, so wie sie sprachlich korrekt wären. Ich könnte etwa sagen »Wenn du nicht weiterweißt, kannst du sagen: Mama, kannst du mir das erklären?«

»Papa, was der Hund da machen?«, fragt der kleine Lars und zeigt auf den Dackel der Nachbarn, der wild mit der Schnauze in der Erde wühlt.

»Hm, was macht der Hund da?«, wiederholt der Papa langsam und schaut ebenfalls interessiert zum Dackel hinaus. »Wir können mal zu Paula gehen und fragen: ›Was macht euer Hund da?‹«

Je häufiger ich etwas vorspreche, desto einfacher wird es für das Kind, diese Formulierungen schon bald selbst zu verwenden. Das hört man beispielsweise im Einkaufsladen-Spiel mit Kindern. Nicht selten verwenden die Kinder schon nach kurzer Zeit genau dieselben Formulierungen wie ihr erwachsenes Gegenüber: »Guten Tag, was darf es denn für Sie sein?«

Titus schubst seinen kleinen Bruder von sich. »Weg!«, schimpft der Vierjährige und sein Babybruder fällt auf die Nase.

Was glauben Sie, welche Frage gerade in solchen Momenten tatsächlich mit am häufigsten an kleinen Kinderohren ankommt? Es ist die Frage: »Warum hast du das gemacht?« Zunächst einmal ist diese Frage weniger eine Frage als mehr ein Vorwurf.

Was würden wir an dieser Stelle denn eigentlich gerne von den Kindern hören, wenn sie, wie hier der kleine Titus, geschubst haben? »Ach weißt du, Mama, ich war irgendwie schon den ganzen Morgen so gereizt, weil die Nacht so unruhig war. Und dann kam mir Niklas grade irgendwie zu nahe und da hab ich mir gedacht …« Das wäre doch schön – und auch so schön einfach für uns. Aber wenn selbst Erwachsene auf die Frage »Warum hast du dich da so verhalten?« oft keine konkrete Antwort wissen, wie sollen Kinder das von klein auf können?

Nehmen wir ein weiteres typisches Beispiel:

Sandra sollte noch nicht an die Süßigkeiten für den Kindergeburtstag gehen. Nun fehlt plötzlich eine erhebliche Menge Gummibärchen in einem Schälchen. Die

> Mama konfrontiert Sandra, deren Zähne vor Zucker nur so glänzen. »Ich war da nicht dran«, schummelt Sarah.

Insbesondere beim Thema Lügen wird häufig vergessen, dass wir Erwachsenen das genauso machen. Gut, wir lassen uns vielleicht nicht so häufig dabei erwischen, aber wir kommen genau wie die Kinder, in Situationen, die uns angenehm sind und aus denen wir uns hinausschummeln möchten, indem wir eben die Unwahrheit sagen. Lügen Kinder, wird dann häufig mit zweierlei Maß gemessen.

Zunächst ist Lügen einfach eine Strategie, die uns etwa vor Strafen oder negativen Reaktionen schützen soll, oder ein Weg, uns selbst besser dastehen zu lassen, positive Aufmerksamkeit oder ein Lob zu erhaschen. Auch das ist für Erwachsene nicht untypisch, wenn wir einmal ehrlich sind. Wer von uns hat noch nie behauptet, dies zu können oder jenes schon geschafft zu haben, oder sich vor Tätigkeiten, die uns überfordern oder anstrengen, gedrückt. Das tun wir alle. Kindern wird es allerdings häufiger vorgeworfen, denn häufig ist das Lügen offensichtlicher.

Wenn man in Momenten, in denen unser Kind uns gegenüber nicht bei der Wahrheit bleibt, bedenkt: Wo die Gründe für das Lügen liegen, fällt es oft leichter, Empathie zu zeigen. Eine Möglichkeit wäre es, erst einmal ruhig zu bleiben – durchzuatmen. Die Frage »Warum hast du das gemacht?« ist meist müßig, denn wir wissen es in der Regel ohnehin. Eigentlich möchten wir doch unser Kind wissen lassen, dass wir das Lügen nicht in Ordnung fanden. Wir könnten also sagen, was wir ohnehin wissen: »Du, ich sehe, dass du ganz viel Zuckerkrümel an den Fingern und am Mund kleben hast. Ich weiß also, dass du an den Süßigkeiten warst. Ich verstehe, dass du meinst, es sei schlauer, zu lügen, damit ich mich nicht aufrege, weil du dich nicht an meine Vorgabe gehalten hast, könnte das sein? Hast du eine Idee, was du beim nächsten Mal anders machen könntest, anstatt zu lügen?« Wichtig ist hier: Wenn wir so ein Gespräch beginnen, sollten wir wirklich entspannt und nicht mehr in dem Gefühl des Ärgerns feststecken. So eröffnen wir zumindest die Chance darauf, bei einer ähnlichen Situation nicht wieder denselben »Weg ablaufen« zu müssen.

Kommunikation und Erziehung

> Dinge aus eigener Kraft zu schaffen, ist die Grundlage eines sicheren Selbstwertgefühls, die Grundlage für jegliche Motivation und somit die Grundlage dafür, ein eigenständiger Mensch zu werden, der den eigenen Fähigkeiten vertraut.

Dinge selber zu schaffen, Herausforderungen und Neues zu bewältigen und selber anzugehen, führt übrigens dazu, dass Endorphine ausgeschüttet werden, was wiederum motiviert, auch beim nächsten Mal wiederum den Versuch zu starten. Lernen heißt dabei (und das gilt für alle Altersklassen): Dinge wollen erst einmal langsam geübt werden, bevor sie irgendwann »perfekt« gelingen und schnell ausgeführt werden können.

> Viel zu häufig sehen sich Kinder schon früh Erwartungen Erwachsener gegenüber, die ihnen sagen, auf welche Weise und in welchem Tempo sie Dinge zu erlernen, können und wissen haben.

Doch dieser Blick hat einen großen »toten Winkel«. Denn Kinder lassen sich nicht in ein Schema zwängen. Jedes Kind bringt einen bunten Strauß individueller Talente mit sich. Verlieren wir als Eltern diese Tatsache aus dem Blick, verbiegen wir unsere Kinder. Dieses Verbiegen führt dazu, dass viele Kinder, das, was sie an Stärken mit sich bringen, aufgeben, aus dem Blick verlieren, weil man ihnen nicht den Raum gibt, in ihrem Tempo so zu sein, wie sie sind.

Sven malt stundenlang winzige Blumen aufs Papier. Jede einzelne wird liebevoll mit einer neuen Farbe seiner Glitzerstifte gefüllt. Svens Kindergartenfreunde liefern sich währenddessen draußen Rennen auf Rutschauto, Roller und Co. Doch Sven hat nur Augen für seine Kunstwerke.

Laura ist dreieinhalb Jahre alt und heute mit der Kindergartengruppe im Zoo. Alle Kinder beobachten interessiert Nashorn, Tiger und Pinguin. Nur Laura sieht unglaublich traurig aus. Eine Erzieherin erkundigt sich, ob alles in Ordnung sei. »Nein«, schluchzt Laura. »Das ist doch nicht in Ordnung. Wieso sind wir hier draußen und die Tiere haben so wenig Platz und sind gefangen hinter den Gittern? Das darf nicht sein.«

Wie schade wäre es, Sven in seiner Kreativität oder Laura in ihrer großartigen Empathiefähigkeit zu bremsen, anstatt ihnen den Raum zu geben, ihre Stärken auszuleben.

Die großen Veränderungen in unserer Gesellschaft wurden nicht von Menschen geschaffen, die so waren, wie alle anderen. Die großen Veränderungen wurden hervorgerufen durch Andersdenker, durch Menschen, die Systeme und Regeln hinterfragt haben, durch die, die für ihre vermeintlich »verrückten« Ideen zunächst belächelt wurden.

> Kinder sind kleine Wundertüten. Jedes einzelne von ihnen. Und wir können nicht wissen, welches Feuerwerk an kleinen Wundern sich in ihnen versteckt.

Unsere Aufgabe besteht darin, den Kindern die Möglichkeit zu geben, funkelnd und glitzernd ihr Feuerwerk zu entfachen oder ihnen dabei nicht aus Versehen »auf der Zündschnur zu stehen«.

Jonna ist vier Jahre alt. Seit Kurzem kann sie sich für Zauberei begeistern. Im Urlaub bei Onkel und Tante zu Besuch möchte Jonna nun gleich den ersten Trick vorführen. »Warte noch, Jonna! Mach noch nichts vor! Wir sind ja noch ein paar Tage hier. Wir bereiten eine große Zaubershow vor, die du dann morgen allen zeigen kannst!«, schlägt der Papa begeistert vor. Jonnas Stimmung kippt daraufhin merklich. Sie möchte gerne schon zeigen, was sie geübt hat, und wird unzufrieden. Doch der Papa ist von seiner Idee einer »richtigen« Zaubershow so begeistert, dass er bei seinem Plan bleibt und die Kiste mit den Zaubertricks zur Seite räumt.

Es lohnt sich immer, in solchen oder ähnlichen Momenten noch einmal die eigenen Erwartungen an das Kind zu hinterfragen: »Ist das, was ich mir von meinem Kind wünsche, wirklich in SEINEM Interesse? Ist es so das Beste für mein Kind? Wird es so glücklich? Was braucht es wirklich?« Manchmal kann der Prozess sich von den eigenen Erwartungen – die häufig erst einmal unbewusst und nicht selten durch die Gesellschaft geprägt sind – zu lösen, einige Zeit brauchen und erfordert beizeiten auch eine gehörige Menge Mut. In kleinen Momenten und bei dem Blick auf das große Ganze:

Bin ich als Papa ein Weltenbummler, ein enthusiastischer Sportler, passionierter Zahnarzt oder ein begeisterter Literat, heißt das nicht, dass mein Sohn oder meine Tochter hier in meine Fußspuren treten wird. So sehr wir uns manchmal auch dies oder das für unsere Kinder wünschen würden, sollten wir stets hinterfragen, ob dies wirklich im Sinne unseres Kindes ist. Auch wenn wir unseren Kindern viel mitgeben können, so sind sie doch, wie sie sind – und was das genau bedeutet, ist eben auch für uns als Eltern ein Geheimnis.

Möglichkeiten aufzeigen, Vorschläge machen, Begeisterung vorleben – das sind die Wege, die wir nutzen können, um zu schauen, ob unser Kind einen bestimmten Weg einschlagen möchte. Druck und Zwang führen hingegen nur zu einer Verformung des Kindes – etwas, was der eigenen Verwirklichung und somit dem individuellen Glück des Kindes nichts Gutes tut.

»Darf ich das?« – Regeln und Grenzen auf Augenhöhe

Tatsächlich gibt es nur eine Frage, die, wenn wir sie uns regelmäßig stellen, die Wahrscheinlichkeit einer respektvollen, liebevollen und entspannten Kommunikation um ein Vielfaches erhöht.

Diese Frage lautet: »Was würde ich wollen, wie man mit mir spricht?« Oder auch: »Wie würde es mir gehen, wenn jemand so mit mir sprechen würde?« »Was, wenn man mir ständig in einem genervten, gestressten Ton begegnen würde, mir ständig Dinge vorwerfen, schimpfen, drohen würde – wie ginge es mir dann? Was, wenn ich jetzt mit meinem Kind die Rollen tauschen würde? Fände ich die Art und Weise in Ordnung, mit der man mit mir spricht?«

Kinder sind, wenn sie auf die Welt kommen, zunächst einmal größtenteils unbeschriebene Blätter. Zumindest wenn es darum geht, wie man mit ihnen bisher im direkten Umgang kommuniziert hat. Sie haben zunächst einmal keine andere Wahl als die Personen in ihrem Verhalten zu »kopieren«, zu denen sie den engsten Bezug haben. In der Regel sind das wir Eltern. Alles was sie ab dann darüber lernen, wie man mit anderen umgehen sollte, wie mit ihnen umgegangen werden darf, lernen sie zunächst einmal durch uns als ihre engsten Bezugspersonen.

Wenn Kinder einmal »aus der Reihe tanzen«, sich »daneben« benehmen, wütend oder traurig werden, resignieren oder in unseren Augen »einfach anstrengend« sind, hören sie allzu häufig Ermahnungen. »Hör jetzt auf zu weinen! Du hast doch keinen Grund!« »Sei still!«

Lotte sitzt hinter einer Hecke im Kindergarten und weint bitterlich. Ihre Erzieherin nähert sich. »Lotte, was ist denn los?«, fragt sie. »Ich will zu meiner Mama«, schluchzt Lotte.

Also: Was würden wir uns in Lottes Situation wünschen? Ein »Jetzt komm da raus und sprich ordentlich mit mir!« sicherlich nicht. Verständnis, liebevolle Worte, Nähe vielleicht. An dieser Stelle wird eben häufig vergessen, dass wir Erwachsenen genau wie die Kinder »funktionieren«. Was machen wir denn, wenn wir wütend oder frustriert sind? Wir werden laut und lassen unsere Wut vielleicht durch Schimpfen oder Ähnliches raus. Genau wie die Kinder. Was machen wir, wenn wir überfordert oder traurig sind? Wir ziehen uns zurück, schieben andere von uns oder weinen. Genau wie die Kinder.

All das sind erst einmal vollkommen normale Verhaltensweisen, die dem eigenen Schutz oder der Kanalisierung von Gefühlen dienen. Doch auch wenn sie es uns nur nachtun, werden Kindern diese Wege häufig vorgeworfen. Wie können wir jedoch von Kindern erwarten, auf Gefühle »angemessen« zu reagieren, wenn sie doch viel weniger Übung darin haben als wir und selbst wir häufig nicht den richtigen Weg finden, Gefühlen stets ehrlich und reflektiert Ausdruck zu verleihen? Insbesondere in Momenten der Wut, des Frustes, der Traurigkeit oder Überforderung. Und ja, die Auslöser, die dazu führen, dass ein Kind diese Gefühle durchlebt, dass es schreit, Dinge wirft, schubst, weint etc., mögen auf den ersten Blick andere sein als die von uns Erwachsenen, doch sie haben deshalb für ein Kind nicht weniger Bedeutung. Kinder erleben Momente sehr intensiv und für sie kann ein zerbrochener Traubenzuckerlutscher ebenso »der letzte Tropfen« sein, der noch fehlte, um »den Topf innerlich zum Überlaufen zu bringen« wie bei uns ein genervter Kommentar eines Kollegen, ein verpasster Termin oder eine zerbrochene Handyscheibe.

Deshalb gilt als erster Grundsatz der Kommunikation mit Kindern, angeknüpft an die oben genannte Frage, stets die Überlegung: »Wie würde ich an Stelle des Kindes reagieren? Was, wenn ich in seiner Situation wäre? Was würde mir helfen?« Nehme ich als Elternteil diese Frage als Ausgangspunkt dafür mit meinem Kind zu kommunizieren, schafft das eine wunderbare Basis für ein entspanntes und respektvolles Miteinander, das die Beziehung stärkt, eben weil sie auf diesem Wege auf Verständnis und Mitgefühl basiert.

Hinzu kommt, dass, wann immer wir mit unserem Kind kommunizieren, wir uns dabei unserer Position unserem Kind gegenüber bewusst sein sollten. Ich nutze hierfür gerne das Bild eines Fußballspieles. Stellen wir uns einmal vor, unser Kind wäre Fußballspieler/in – im Spiel des Lebens quasi. Was wäre dann unsere Aufgabe als Eltern? Möchten wir als Schiedsrichter/innen mit Trillerpfeife auf dem Feld stehen, ständig maßregelnd pfeifen, die gelbe oder rote Karte ziehen, ohne persönlichen Bezug zu den Spieler/innen einfach aus der Distanz heraus Ansagen machen? Wir wären dann gewissermaßen in einer unanfechtbaren Machtposition und würden über die Vorgehensweise unseres Kindes werten. (»Steffi, gib sofort den Ball zurück! Steffi!! So geht das nicht!« oder »Julius, jetzt spiel doch mal ordentlich. Sonst nehme ich dir den Ball weg.«)

Diese Position mag für den einen oder anderen nach Elterndasein klingen, doch sie berücksichtigt nicht das, was, wie bereits beschrieben, die Basis einer gelungenen Erziehung ausmacht: eine Beziehung zum Kind. Zurückpfeifen, Maßregeln, Strafen, … sind keine Wege, die die Beziehung zu unserem Kind stärken.

Sehen wir uns hingegen als Coach/innen oder Trainer/innen oder gar als Mitspieler/innen, die Ratschläge geben, zur Seite stehen, ihre Erfahrungen mit den Spieler/innen bzw. Kindern teilen und sie im Spiel unterstützen, die eine Beziehung zu den Spieler/innen aufgebaut haben, kommen wir dem deutlich näher, was gelungenes Elternsein ausmacht. Wichtig dabei: Ein/e Coach/in etwa steht zwar dabei, berät und gibt Hilfestellung falls nötig – doch spielen tut das Kind (im Sinne des Fußballspielers bzw. -spielerin auf dem Spielfeld des Lebens) selbst.

Es ist nicht unsere Aufgabe, Dinge für unser Kind zu erledigen, unserem Kind alles abzunehmen, es in »Watte zu packen«, vor allem zu schützen, Entscheidungen für es zu treffen. Der/Die Coach/in schießt ja auch nicht den Ball für seine/ihre Spieler/innen. Spielen lernt man eben nur durchs Spielen. Wie bei jeder anderen Sache auch. Hinfallen – aufstehen, Fehler machen – aus ihnen lernen, Konflikte eigenständig lösen – dies sind wichtige Kompetenzen für das weitere Leben.

Unsere Aufgabe besteht darin, unser Kind in seinem Tun zu bestärken, ihm Werkzeuge an die Hand zu geben, mithilfe derer es sich selbstständig durch verschiedene Situationen bewegen, sich selbst helfen und Dinge angehen kann. Dafür ist ein ganz wichtiges Element: die Augenhöhe. Und das darf hier tatsächlich wörtlich genommen werden. Wenn wir möchten, dass unser Kind das wahrnimmt, was wir sagen und im Idealfall auch noch darauf reagiert, sollten wir zunächst einmal mit ihm in direkten Kontakt treten. Und das geht eben deutlich besser, wenn wir mit ihm auf Augenhöhe kommunizieren. Heißt konkret: Anstatt aus der Ferne Kommentare, Anweisungen und Warnungen zu rufen, die unser Kind vielleicht mit einem Ohr wahrnimmt, sollten wir uns die Zeit nehmen, mit unserem Kind in Beziehung zu gehen: zu ihm hingehen, ggf. auf seine Höhe knien, warten, bis besagter Augenkontakt hergestellt ist, und wir sicher sind, die Aufmerksamkeit unseres Kindes zu haben. (Gemeint sind selbstverständlich keine drohenden Sätze à la »Jetzt guck mich gefälligst mal an!«.) Die Position auf Höhe unseres Kindes bietet einfach eine deutlich bessere Grundlage für einen entspannten und erfolgreichen Kontakt zum Kind.

Rike pflückt gedankenverloren ein paar Blumen am Straßenrand, während ihr Vater mit dem Nachbarn spricht.

Ihr Vater sieht es, unterbricht kurz sein Gespräch und hockt sich neben seine Tochter. »Schau mal«, erklärt er. »Diese Mohnblumen hat der Nachbarsjunge letztes Jahr hier gepflanzt, weil er so gerne Mohnblumen mag. Was meinst du, wie es ihm geht, wenn nachher keine seiner Blumen hier mehr steht?«

Rike überlegt. »Nicht so gut vielleicht«, vermutet sie.

»Ich denke auch. Er würde sich sicher freuen, wenn die Mohnblumen dann hier noch stünden. Wenn du Blumen pflücken möchtest, nimm doch bitte die da vorne.«

Sophie ist fast vier. Sie rennt zum Kirschbaum, die daran hängende Strickleiter im Visier. Ihr Cousin Fiete sieht das und ist schneller. Sie erreichen gleichzeitig die Leiter. Fiete schiebt Sophie mit Kraft zur Seite und beginnt, die Strickleiter hochzuklettern.

Beobachten wir als Eltern Momente wie diese, sind wir schnell in einem »Ich muss hier sofort eingreifen«-Modus. Entweder, weil wir finden, dass unser Kind sich »daneben« benommen hat, oder weil wir unser Kind schützen möchten. Was auch immer unsere Intention in einem solchen Moment sein mag, wenn wir sie ruhig und auf Augenhöhe mit unserem Kind (indem wir also tatsächlich zu ihm gehen) kommunizieren, ist die Chance deutlich höher, dass 1. das Kind überhaupt auf uns reagiert und 2. dass die Situation relativ entspannt bleibt und sich nicht durch ein lautes Maßregeln und Rufen quer durch den Garten unsererseits noch hochschaukelt.

Auf diesem Wege gehen wir in den direkten Kontakt und in Beziehung zum Kind. Diese Beziehung ist maßgeblich wichtig. Denn eine gesunde starke Beziehung zu vertrauten Personen steht immer an erster Stelle und bildet die Basis für psychische Belastbarkeit, Selbstvertrauen, Sicherheit, Empathie. Positive sichere Beziehungen schaffen ein Gefühl des Gesehen-werdens und Dazugehörens. Ein Gefühl des »Ich werde dafür geliebt, dass ich so bin wie ich bin«. Das Bedürfnis nach diesen Gefühlen trägt erst einmal jeder Mensch in sich. Können wir uns hingegen nicht auf sichere Beziehungen zu den Personen berufen, die für uns wichtig sind, gerät alles ins Wanken.

Die Beziehung, die wir insbesondere in den ersten Jahren zu unserem Kind aufbauen, ist auch deshalb so essenziell, weil spätestens ab dem Alter der Pubertät die Kinder, die Jugendlichen, beginnen, alles bis dato Gelernte zu hinterfragen. Sie durchschauen unsere Taktiken, sie spiegeln uns die Umgangsformen wider, die wir im Kontakt zu ihnen, uns selbst und anderen zuvor an den Tag gelegt haben. »Erziehen« können wir Kinder bzw. Jugendliche ab diesem Alter ohnehin nicht mehr. Alles, was dann noch zählt, ist Beziehung. Im Idealfall kann ein Kind sich trotz aller pubertären Herausforderungen und mentaler und körperlicher »Baustellen« sicher sein, bei seinen Eltern zu jeder Zeit einen sicheren Hafen zu haben. Ein Kind, das weiß, dass es zu diesem sicheren Hafen (auch wenn es in diesem Hafen regelmäßig »knallen« mag in diesem Alter) jederzeit kommen darf, dass es dort jederzeit willkommen ist, akzeptiert und geliebt wird, unabhängig von Leistungen und Launen – das ist Gold wert.

Doch bei all der Wichtigkeit von Beziehung, bedeutet das selbstverständlich nicht, dass wir im Alltag mit unserem Kind alles »durchgehen« lassen oder alles ausdiskutieren müssen. Es hilft jedoch, wenn wir das, was wir als Rahmen und Regelungen vorgeben, authentisch und möglichst nachvollziehbar tun. Augenkontakt, kurze Erklärungen und klare Aussagen sind dafür ein guter Weg.

Letztendlich ist es so: Kinder brauchen Freiheiten. Die Freiheit, die Welt um sie herum zu erkunden. Die Freiheit, Dinge testen, die Welt um sie herum erforschen zu dürfen. Die Freiheit, selbstständig Neues zu lernen, Fehler zu machen und sich selbst auszuprobieren. Regeln geben dabei Orientierung. Sie helfen den Kindern, einzuordnen, was sicher ist, wo sie hingegen aufpassen müssen, was sie dürfen und welches Verhalten nicht gewünscht ist. Diese Struktur hilft, Chaos und Überforderung zu vermeiden. Regeln und Grenzen sollten dabei niemals als Form autoritärer Macht der Eltern gegenüber ihren Kindern ausgenutzt werden. Grenzen und Regeln sind nicht da, um unsere Kinder so zu formen, wie wir sie gerne hätten. Grenzen sind im Idealfall ein Gerüst, das Schutz bietet und damit ein Gefühl von Sicherheit schafft.

Konsequenz heißt deshalb NICHT: Laut werden, »züchtigen« oder gar Strafe! Konsequenz heißt stattdessen: Das Kind dabei zu begleiten, die Welt zu entdecken – und ihm dabei liebevoll sinnvolle (!) Grenzen aufzuzeigen.

Grenzen sollten dabei nicht willkürlich, sondern, wenn eben möglich, für die Kinder nachvollziehbar sein. Kinder akzeptieren keine Grenzen, die sie nicht verstehen.

- »Lass bitte die Messer immer im Besteckkorb, wenn du mir hilfst, die Spülmaschine auszuräumen. Sie sind scharf und ich möchte nicht, dass du dich schneidest. Die Messer nehme immer ich heraus. Du kannst gerne die Löffel und Gabeln herausnehmen.«
- »Ich möchte bitte, dass du dich am Treppengeländer beim Runterlaufen immer festhältst, damit du sicher die Treppe hinunterkommst.«

Das bedeutet nicht, dass eine Regel immer mit Begeisterung akzeptiert wird. Aber eine Erklärung hilft in jedem Fall auf dem Weg in die entspannte Richtung. Eines ist dabei wichtig: Kinder und ihre Eltern sind als Menschen selbstverständlich gleichwertig. Das heißt jedoch nicht, dass sie auch die gleichen Rechte und Pflichten haben. Die Zauberformel heißt daher: Erziehung auf Augenhöhe. Aber mit dem gewissen (Alters-)Unterschied.

Es ist selbstverständlich so: Nicht jede Regel, die in einer Familie aufgestellt wird, gilt automatisch immer für alle Familienmitglieder.

Die Tatsache, dass es Vorgaben gibt, die für Kinder, aber nicht für Erwachsene gelten, erschließt sich Kindern in der Regel, sofern man ihnen diese Unterschiede kindgerecht nachvollziehbar vermittelt. Denn Kinder haben nicht die gleichen Fähigkeiten, das gleiche Wissen – oder können beispielsweise Gefahren in gleichem Maße überblicken wie ihre Eltern. Deshalb: Es gibt Dinge, die dürfen eben nur Erwachsene. Im Idealfall erklären wir als Eltern ehrlich und authentisch, weshalb diese besondere Regel für uns anders gilt.

Grenzen und Regeln sollten nicht dafür da sein, es für uns als Eltern leichter und durchorganisierter und angenehmer zu machen. Ziel sollte es sein, dem Kind zu helfen, sich sicher zu fühlen und dadurch ungezwungen und frei Freude im Leben zu haben. Der psychologische Ansatz sagt, man solle die Regel, die man setzt, vom Gefühl trennen. Also wenn das Kind eine Grenze überschreitet, dies nicht persönlich nehmen, sondern ruhig bleiben. Das klingt in der Theorie doch ganz wunderbar einfach. Doch wenn ich das Gefühl habe, mein Kind wiederholt zu etwas auffordern oder maßregeln zu müssen, gerate ich als Elternteil schnell in einen Strudel aus Frust, Stress, Genervtheit.

Es gibt einige Situationen, in denen man dem etwas vorbeugen oder entgegenwirken kann. Selbstverständlich gibt es Eltern, denen es hilft, erst einmal durchzuatmen, bis 10 zu zählen oder kurz die Augen zu schließen. Ich empfehle Eltern meist, wenn möglich, noch einen Moment früher anzusetzen. Nehmen wir einmal folgende Situation:

Torben ist sechs, seine kleine Schwester Lucia gerade vier geworden. Heute findet ein Familienfest statt und die Kinder toben mit ihren Cousinen und Cousins bei den Großeltern im Garten herum. Langsam wird es dunkel, der Tag war lang und die halbstündige Rückfahrt steht noch an. Der Papa kündigt an, dass es bald nach Hause ginge, doch die Kinder betteln: »Wir möchten noch bleiben!« Die Eltern sehen sich fragend an. Sie wissen: Noch sind die Sprösslinge gut gelaunt, aber wenn dann auf dem Heimweg bereits der »müde Punkt« überschritten würde, geht das Theater meist erst richtig los. Vom Quengeln im Auto bis zum ausgewachsenen Wutanfall, weil die Zähne nicht mehr geputzt werden wollen, ist dann meist alles dabei. Und dann ist noch keines der Kinder im Bett.

In solchen Momenten hilft manchmal eine simple Frage: »Wenn ich jetzt eine Entscheidung treffe, stehe ich dann zu 100 Prozent dahinter? Wenn ich jetzt zustimme, noch zu bleiben, habe ich die Kraft und das Durchhaltevermögen, um übermüdete Kinder ins Bett zu begleiten?« Es mag Tage geben, an denen wir wissen: »Kein Problem, das ist es mir wert. Sie haben gerade so viel Spaß und wir sind auch entspannt. Das schaffe ich.« An anderen Tagen sind wir vielleicht selbst erschöpft, haben Kopfweh oder der Tag war auch für uns einfach zu lang. Wir wissen: Die eigene Energie würde nachher nicht reichen, um halbwegs gelassen zu bleiben, FALLS der Abend noch richtig anstrengend würde. Dann wäre ein klares »Ich verstehe, dass ihr gerade Spaß habt, aber wir waren lange hier, es ist spät und wir machen uns jetzt auf den Heimweg.« sicherlich die beste Wahl. Auch wenn das für den Moment nicht auf freudige Kinderohren stoßen mag, ist es sicherlich das kleinere Übel.

Wir können auf diesem Wege Momenten vorbeugen, in denen wir den Kindern gegenüber vielleicht am Ende nicht mehr entspannt und fair gegenüber handeln würden, weil wir uns eigentlich innerlich ärgern, dass wir nicht das gemacht haben, was wir eigentlich wollten – nämlich nach Hause fahren –, obwohl wir es haben kommen sehen. Unser Frust richtet sich dann eigentlich gegen uns selbst, trifft aber leider die Kinder, die gerade »aus der Reihe tanzen«.

Wenn wir also vor einer Entscheidung, einer Regel, Grenze, die wir setzen, kurz innehalten und überlegen »Stehe ich wirklich hinter dem, was ich jetzt entscheide?«, bewirkt das, dass wir entspannter reagieren können, wenn es anstrengend wird. Wenn wir keine Zweifel daran haben, dass unsere Entscheidung die richtige war, merken das auch die Kinder. Die Chance, dass sie noch allzu häufig hinterfragt wird, sinkt damit tatsächlich enorm.

> Kai ist zweieinhalb Jahre alt. Zuhause gilt die Regel: Kleine Kinder laufen nur an der Hand der Eltern die Treppe hinauf. Nun ist Kai jedoch motorisch enorm fit. Die Treppe stellt für ihn keinerlei Herausforderung dar, weshalb er immer wieder energisch quengelt, alleine laufen zu dürfen. Gemeinsam wird nun eine neue Regel erstellt: Kai darf alleine hochlaufen, solange ein Elternteil direkt hinter ihm läuft. Bei dem Weg nach unten, soll er noch die Hand von Mama oder Papa festhalten.

Regeln und Grenzen sind nicht starr. Sie sollten beweglich sein. Wir dürfen daher aufgestellte Regeln regelmäßig hinterfragen und überprüfen. Regeln und Grenzen wachsen – ebenso wie der Rahmen, in dem ein Kind Entscheidungen treffen kann – mit dem Alter des Kindes. Das bedeutet nicht, dass ich als Elternteil in jeder Situation, in der ich eine Regel aufstelle, diese mit meinem Kind ausdiskutieren muss und sollte. Es bedeutet vielmehr, selbst oder auch gemeinsam zu schauen, ob vielleicht einige Regeln und Vorgaben nicht mehr notwendig sind oder gelockert werden, wenn das Kind etwa größer und somit zunehmend eigenständiger wird. Eine wichtige Ergänzung hierzu: Die Grundlage für jegliche Form von Regeln sollte das Wissen um die Tatsache sein, dass, auch wenn wir die Eltern sind, wir nicht immer Recht haben. Teil einer Erziehung auf Augenhöhe ist es immer, die Möglichkeit in Betracht zu ziehen, dass die Einschätzung oder die Vorgehensweise unseres Kindes hier die bessere Wahl wäre.

> Die zweijährige Emma sitzt im Sommer am Balkontisch, pustet in ihren Strohhalm und stellt begeistert fest, dass dann das Wasser in ihrem Glas blubbert. Ihr Vater ermahnt sie, das zu lassen. Innerlich denkt er bei sich: »Na ja, so schlimm finde ich es eigentlich nicht. Es macht ja schon Spaß. Und hier draußen kann ja auch ruhig alles etwas nass werden, es ist ja warm.«

> Milas Mutter hat beschlossen, dass ihre Tochter noch eine Runde an die frische Luft soll, wie eigentlich fast jeden Tag. Doch heute regnet es und der Wind bläst

kalt. Mila möchte partout nicht nach draußen und stellt sich quer. Das Anziehen ist fast unmöglich.
»Ach bei so einem Wetter habe ich eigentlich auch überhaupt keine Lust das Haus zu verlassen«, denkt sich Milas Mutter. »Kein Wunder, dass Mila keine Lust hat. Es ist wirklich schon sehr ungemütlich draußen.«

Sollten wir einmal in einer familiären Situation zu dieser oder einer ähnlichen Erkenntnis gelangen, darf diese gerne – vor dem Kind – verbalisiert werden. »Ach weißt du Mila, eigentlich hast du Recht. Ich kann dich verstehen. Heute ist es so unfreundlich draußen. Wir überlegen uns etwas anderes, was wir machen können.« Denn so wird das Kind in seinen Ansichten und Ideen ernst und als gleichwertig angenommen. Und wenn es besonders gut läuft, holen wir uns dabei noch ganz nebenbei durch die Ideen der Kinder eine Portion Spaß und verrückter Ideen zurück in den Alltag.

Natürlich gibt es auch Eltern, die eher befürworten, insbesondere in den ersten Lebensjahren keine (oder fast keine) Regeln aufzustellen bzw. dem Kind keine Grenzen zu setzen. Kinder sollen Zeit haben, einfach Kind zu sein, sie würden schon noch früh genug Regeln lernen (müssen), man möchte sie in ihrem Kindsein nicht beschneiden. Nicht selten erlebe ich auch Eltern, die dem Kind keine Grenzen setzen möchten, um es nicht zu »verletzen« oder einzuschränken.

Ich kann diesen Ansatz durchaus verstehen, denn natürlich sollen Kinder erst einmal einfach Kind sein dürfen. Sie sollen sich frei entfalten und in einer bejahenden Umgebung sicher aufwachsen. Die Intention ist daher durchweg positiv. Schauen wir uns jedoch einmal an, was geschieht, wenn ein Kind über eine für das Kind lange Zeit (lassen wir es einmal 1,5–2 Jahre lang sein) erlebt, dass sein Verhalten, auch wenn es damit Grenzen anderer überschreitet oder etwa mit Dingen nicht respektvoll umgeht, unkommentiert akzeptiert und belächelt wird, dass es ja »noch ein kleines Kind« ist.

 Ruth ist eineinhalb Jahre alt und fährt gerne mit ihrer Hand in die Bluse ihrer Mutter. Sie greift immer an die Brust bei der Mama, um sich zu beruhigen. Der Mutter ist das mittlerweile körperlich wirklich unangenehm, doch sie lässt ihre Tochter gewähren.

Nach etwa zwei Jahren ist ein Kind nun scheinbar alt genug, um zu lernen, dass es Regeln gibt und andere Menschen vielleicht bestimmtes Verhalten nicht mögen oder nicht gut haben können. Jetzt wird alles anders: Es soll nicht mehr wild mit Sand um sich werfen, es darf nicht mehr das Essen zermatschen, es soll die Mama nicht mehr zwicken usw. Und es erfährt plötzlich auch, dass andere Menschen ihre Bedürfnisse vor die des Kindes stellen, dass Mama vielleicht gar nicht mag, wenn es ihr an die Brust fasst, dass es tatsächlich auch gar nicht immer alles alleine entscheiden darf.

Was passiert also nun? Man entlässt das Kind damit mit einem Mal in eine Situation der vollkommenen Überforderung und Unsicherheit: Von jetzt auf gleich kann es sich nicht mehr an den bis dahin geltenden Gegebenheiten orientieren.

Dinge, die es bisher tun durfte, werden nun sanktioniert und in »neue« Regeln gepackt. Das löst ziemlich sicher eine erhebliche Verwirrung aus. Das Kind wird automatisch – unwissend, ob das noch in Ordnung ist – ständig die Dinge tun, die es vorher durfte, aber nun nicht mehr – und mit großer Sicherheit dafür immer wieder zurechtgewiesen werden.

Wenn ich die Situation auf Erwachsene übertrage, wäre das in etwa so, als würde ich in ein neues Land ziehen, in dem man offensichtlich in Supermärkten nichts bezahlen muss, man fremden Menschen Dinge auf der Straße wegnehmen und seinen Müll einfach fallenlassen darf. Überall die absolute Freiheit. Niemand sagt etwas. Es wird teilweise noch belächelt, weil ich ja neu im Land bin. Dann plötzlich – wie ein Donnerschlag – gelten, nachdem man sich gerade an die Welt ohne Vorgaben gewöhnt hat, neue Regeln. Welche das genau sind, weiß ich dann noch nicht. Ich merke nur, dass ich scheinbar plötzlich unglaublich viel falsch mache. Ich bekomme ständig gesagt, ich solle dies nicht tun und das nicht tun. In meinem Kopf würde das totale Durcheinander herrschen. Ich würde mich vermutlich vehement gegen die neuen Regeln zur Wehr setzen, denn vorher war es doch so schön einfach. Da sich mir die Logik der neuen Regeln auch erst einmal nicht erschließen würde, sähe ich überhaupt nicht ein, mich an diese komischen Vorgaben zu halten. Ich würde sehr unsicher werden und hätte ständig Angst, etwas falsch zu machen. In der Folge gäbe es jede Menge Stress, Auseinandersetzungen und Frust.

Was ist also der Mittelweg zwischen der völligen Freiheit von klein auf und einem starren Regelwerk? Wo gilt es, sehr bewusst und in einem begrenzten Rahmen Regeln zu setzen – mit der Intention, dem Kind Sicherheit zu geben, ihm einen Rahmen »abzustecken«, in dem es sich sicher bewegen kann? Man weiß heute, dass Kinder erst einmal ohnehin kooperieren möchten. Darauf sind sie evolutionär ausgelegt.

Möchten wir nun eine Botschaft vermitteln, hilft es, diese kurz und prägnant zu formulieren. So, dass das Kind verstehen kann, was genau wir von ihm erwarten. Ein »Jetzt sitz mal bitte ordentlich!« kann für ein kleines Kind ein ebenso unverständlicher abstrakter Satz sein wie ein »Bleibst du mal bitte bei der Sache, damit wir das jetzt noch fertig kriegen?« oder ein »Kannst du mal bitte mithelfen, wenn ich dich anziehen möchte?«.

Wie sitzt man denn »ordentlich«? Wie bleibt man »bei der Sache«? Und wie genau soll das Kind mithelfen beim Anziehen? Was heißt das? Uns Erwachsenen ist klar, worauf wir hinausmöchten. Den Kindern oft nicht.

Effektiver und somit hilfreicher sind kurze Botschaften wie »Bleib bitte auf deinem Popo sitzen und stell die Füße auf den Boden, damit du sicher sitzt.« oder »Stell dich bitte gerade hin, wenn ich dich anziehe. Und jetzt steck deine Füße in die Hosenbeine.«. Wichtig dabei: Es sollte sich bei den Botschaften um Sätze handeln, wenn wir möchten, dass unser Kind kooperiert. Formulieren wir unsere Botschaft als Frage (»Sollen wir jetzt mal langsam losgehen?« oder »Wir gehen jetzt los, okay?«) impliziert das, dass eine Ja- oder Nein-Antwort möglich wäre. Wir vermitteln unserem Kind indirekt: »Du könntest dich auch gegen meine Bitte entscheiden.« Wenn wir also kein Nein als Antwort zulassen werden, sollten wir auch keine Frage stellen, sondern klar sein in dem, worauf wir hinausmöchten. (Denn grundsätzlich sollten wir unserem Kind ja vermitteln, dass es Fragen durchaus mit »Ja« oder »Nein« beantworten und einen eigenen Standpunkt vertreten darf.)

Nach einer kurzen klaren Aussage unserem Kind gegenüber, folgt der zweite Schritt, der manchmal ein wenig Übung bedarf. Er besteht darin, dem Kind die Zeit zu geben, auf unsere Bitte zu reagieren. »Mark, nimm dir bitte ein Tuch und wisch dir den Mund sauber.« Insbesondere kleine Kinder brauchen oft einen Moment bis es zur Umsetzung einer Handlung kommt. Es kann sein, dass Mark beschließt, noch eben den Turm zu Ende zu bauen, und erst danach nach dem Tuch greift. Wir sollten ihm diese Zeit einräumen, bevor wir noch einmal nachhaken.

Bei aller Theorie: Ich spreche aus Erfahrung, wenn ich sage, dass sicherlich jedem Elternteil irgendwann einmal der Kragen platzt und platzen darf. Alle Eltern dieser Welt werden wohl irgendwann einmal laut und denken sich vielleicht nur ein paar Sekunden später: »Oh Gott, das war ja gerade mal pädagogisch eine Katastrophe.« Eltern sind ja nun einmal auch nur Menschen. Aber dennoch: Wann immer sich Schreien und Schimpfen vermeiden lässt, ist schon viel gewonnen.

> Die Entscheidung, ob wir uns aufregen, liegt letzten Endes bei uns. Die Entscheidung, uns für ein eventuelles Schimpfen zu entschuldigen, auch.

Ersteres mag provokativ klingen, doch egal, ob es darum geht, dass das Kind sich daneben benimmt, wir genervt sind oder etwas kaputt geht – ob wir uns aufregen oder nicht, ist alleine uns überlassen. Ob wir mit Wut oder Verständnis und Liebe reagieren, liegt bei uns.

> Die kleine Jule wirft eine Holzfigur mit Schwung durchs Wohnzimmer.
>
> Jules Mutter sagt daraufhin, dass sie gerne möchte, dass Jule mit diesem Teil nur auf dem Boden spielt, weil das Spielzeug kaputt gehen kann, der Boden Macken bekommt oder jemand getroffen werden könnte.
>
> Wenn Jule die Figur noch einmal wirft, erklärt die Mutter in ruhigem Ton, dann wird sie das Spielzeug hochlegen, »weil du es geworfen hast und es sonst kaputtgehen kann«.

Diese Konsequenz muss dann allerdings auch umgehend geschehen. Ohne fünfmalige Ankündigung. Einen Grund für uns als Eltern, sauer oder verärgert zu sein, gibt es dabei nicht. Natürlich gibt es Momente, in denen wir Eltern einfach am Ende unserer Kräfte sind und alles auf »gemachten Boden« fällt, so dass die Gefahr einfach groß ist, unser inneres »Fass zum Überlaufen« zu bringen. Aber: Testen und Ausprobieren ist nun einmal Teil des Lernens. Genau das tut Jule hier.

> Es gibt bestimmte Entwicklungsphasen, in denen Kinder automatisch gewisse Abläufe trainieren möchten und diese daher immer wiederholen. Dazu gehören auch Phasen, in denen das Kind eben viel wirft oder ständig Dinge umkippt, umschüttet oder kaputtmacht. (Die klassische »Ich-zerstöre-alles-was-gebaut-wurde-Phase« kennt wohl jeder Elternteil. Wer bereits ältere Kinder hat, weiß,

dass diese Phase in der Regel durch eine »Jetzt-baue-ich-selbst-Dinge-aufeinander-Phase« abgelöst wird.)

Wenn man um diese Phasen weiß, kann man dieses Verhalten an vielen Stellen schlicht (und damit entspannter) als Lernprozess betrachten.

Wenn ich also das Gefühl habe, dass mein Kleinkind in einer Phase steckt, in der es das Werfen von Gegenständen als Lern- und Testzustand nutzt, um z. B. zu schauen, wie weit und in welche Richtung etwas fliegt, macht es Sinn, dem Kind eine Wurfalternative anzubieten. Kissen, Bälle, alles was eben geworfen werden darf. Denn das Werfen an sich darf es ja gerne üben. Nur eben in einem Rahmen, in dem es sicher ist und niemand Schaden nimmt.

Selbstredend verstehen Babys noch nicht das, was größere Kinder bereits verstehen. Doch sie verstehen eine Menge und lernen so schon früh, dass man sie als Personen ernstnimmt. Und eben auch, dass andere Menschen vielleicht Dinge nicht gut haben können.

Es hilft dabei grundsätzlich, dem Kind eine Alternative aufzuzeigen, die es machen DARF.

 Die zehn Monate alte Amelie beißt den Papa im Spiel. Der Papa setzt Amelie kurz von sich weg, sagt laut: »AUA, das tut mir weh«, und macht durch Gestik und Mimik deutlich, dass das unangenehm ist für ihn.

Anstatt also nur zu sagen »Nicht beißen!«, hat es mehr Effekt, zu sagen »Du darfst mich gerne am Arm küssen oder streicheln. Beißen tut mir aber weh.«. Beißt es noch einmal, setzt der Papa es vorsichtig, aber konsequent runter. Wichtig ist auch hier, dass jedes Mal gleich reagiert wird. Wenn ein Elternteil auch nur ein oder zwei Mal das Beißen ignoriert oder »weglächelt«, dann führt das dazu, dass gerade ein kleines Kind nicht mehr weiß, ob das jetzt Spaß war oder nicht. Mag Papa das Beißen nun oder doch nicht? Es wird es also mit ziemlicher Sicherheit noch einmal ausprobieren, und das kann man ihm dann auch nicht vorwerfen, denn es möchte sich ja sicher sein (bzw. eben schauen, wie Papa wohl beim nächsten Mal reagiert).

Auf ein Verhalten sollte stets dieselbe Reaktion folgen.

Wenn mein Kind mit Essen wirft, sage ich, dass es das Essen auf dem Teller lassen soll. »Moritz, bitte lass das Essen auf dem Teller. Essen ist wertvoll und auf dem Boden wird es dreckig. Wenn du damit wirfst, stelle ich es weg.« Wirft es das Essen erneut, sollte ich mich dann an meine eigene Ankündigung halten. Natürlich nicht für ewig und auch mit einer Erklärung, aber doch so, dass das Kind die Reaktion auf sein Verhalten verstehen kann. Kurz gefasst:

- Beim ersten Mal: Unerwünschtes Verhalten klar, aber ohne Schimpfen benennen.
- Beim zweiten Mal: Ruhig, aber ebenso klar mit der Konsequenz reagieren.
- Das Alter des Kindes sollte man selbstverständlich im Blick haben. Wir dürfen dabei ehrlich und nett, aber klar bleiben.

Bei etwas älteren Kindern kann man auch einmal ganz bewusst eine Regel ändern, wie z. B.: »Eigentlich wird bei uns auf dem Sofa nicht gegessen, aber heute machen wir ein ganz besonderes Sofapicknick.« Wichtig ist nur, den Kindern zu verdeutlichen, dass es sich um eine Ausnahme und etwas Besonderes handelt, damit in Zukunft keine Diskussionen geführt werden müssen.

Niklas ist zwei Jahre alt. Er puzzelt. Als er keine Lust mehr hat, liegen die Puzzleteile herum und er möchte das nächste Spiel aus dem Schrank ziehen. Seine Mutter sagt: »Niklas, räum bitte erst das Puzzle weg, bevor du etwas Neues nimmst.« Doch Niklas möchte dies nicht wegräumen. Er weigert sich hartnäckig.

Gerade bei kleineren Kindern hilft manchmal die »Wir-machen-das-gemeinsam-Methode«: »Pass auf, Niklas, ich packe die Puzzleteile zusammen und du schiebst sie von der Tischkante in den Karton. Dann sind sie ganz schnell weggeräumt.«

Oder: Ich schiebe meinem Kind das Schälchen entgegen, in dem dann bitte die angeknabberte Möhre landen soll. Dem Kind kleine Schritte entgegenzukommen, wirkt häufig Wunder und darf durchaus als – dann entspannter – Mittelweg genutzt werden.

Mio hat entdeckt, wie er die Brause am Gartenschlauch betätigen kann. Stolz aber noch etwas unkontrolliert drückt er immer wieder den Hebel, so dass das Wasser herausspritzt. Dann sieht er, dass sein Vater mit nackten Füßen im Gras steht. »Na, möchtest du meine Füße einmal nassspritzen?«, deutet der Papa den Blick seines Sohnes. Mio strahlt und drückt begeistert auf die Brause. Die erste Ladung kaltes Wasser landet eher auf den Hosenbeinen als auf den Füßen des Vaters.

»Learning by doing« ist hier die Devise. Wenn es beim ersten Mal aus Versehen noch danebengeht, dann muss ein zweiter Versuch gestartet werden. Es war ja nicht Mios Ziel, die Hosen des Papas nass zu machen. Wieso also schimpfen oder ein »So ist das aber falsch – so geht das nicht!« herauspfeffern? Schön wäre es, gemeinsam zu schauen, wie man mit dem Gartenschlauch am besten zielen kann.

»Ich krempel meine Hosenbeine etwas hoch, dann hältst du den Schlauch ganz still vor meine Füße und wenn ich sage ›LOS!‹, dann drückst du ganz fest auf den Hebel, okay?«, schlägt Papa vor. »Und dann schauen wir mal, was du noch alles nassspritzen kannst hier im Garten. Da vorne sehe ich ganz viele Blumen, die sich auch über Wasser freuen würden!«

Denn seien wir einmal ehrlich: Schimpfen tut weh. Uns Eltern macht es keinen Spaß und die Kinder nehmen es persönlich. »Wenn man viel mit mir schimpfen muss, ist wohl etwas falsch mit mir«, ist die logische Konsequenz, die in vielen Kinderköpfen entsteht. Und das ist eine Annahme, die den Selbstwert, das Bild, das ein Kind von sich selbst hat, enorm negativ beeinflusst. »Schimpfen Mama und Papa oft mit mir, fühle ich mich oft schuldig oder schäme mich. Oft für Dinge, bei denen ich überhaupt nicht weiß, was ich falsch gemacht habe.«

Alternativ gibt es natürlich auch die Möglichkeit, dass das Kind den Fehler nicht bei sich sucht, sondern ebenfalls den schimpfenden Elternteil als »böse« abstempelt. Auch das tut der Beziehung zwischen Eltern und Kind nichts Gutes.

Wenn Mama und Papa schimpfen, tut das übrigens besonders deshalb weh, weil sie die Personen sind, die die Kinder am meisten lieben. Jedes Schimpfen hinterlässt eine kleine Wunde, die dann wieder heilen muss. Schimpft man mit einem Kind und lehnt es auf diese Weise ab, werden tatsächlich dieselben Hirnregionen aktiviert, die auch auf körperlichen Schmerz reagieren.

Ausgeschimpft zu werden, führt zu einem enorm hohen Stresslevel auf Seiten des Kindes. In einer Situation, in der mit einem Kind geschimpft wird, schaltet das Gehirn des Kindes um, in den »Angriff oder Flucht«-Modus. Logisches Denken funktioniert dann nicht mehr.

Das heißt, dass auch sämtliche Belehrungen und Drohungen von Seiten der Eltern in einem solchen Moment überhaupt nicht fruchten. Befindet sich ein Kindergehirn häufig in dieser Art von Schockstarre, hat das langfristige Auswirkungen auf die neuronalen Strukturen im Gehirn. Kinder, mit denen man schon früh und oft geschimpft hat, können sich beispielsweise in der Schulzeit oft weniger gut konzentrieren. Sie sind häufig zu sehr mit der Sorge beschäftigt, etwas falsch zu machen und haben Angst vor Fehlern. Gerade deshalb ist es auch so wichtig, einem Kind von klein auf immer wieder zu verdeutlichen, dass es vollkommen normal ist, Fehler zu machen.

Ein Fehler ist kein Grund für einen Vorwurf, kein Grund ausgeschimpft zu werden. Jedem passieren Fehler. Auch Mama und Papa. Das ist auch gut so.

Fehler helfen uns zu wachsen und uns weiterzuentwickeln. Ein Fehler ist im Idealfall etwas, woraus man lernt und somit letztendlich etwas Positives. Je mehr ich das meinem Kind vorlebe, desto entspannter wird es selbst später mit seinen Fehlern umgehen können.

Die Mama sitzt mit ihrer Tochter Alexandra, die gerade Laufen gelernt hat, auf dem Boden. Alexandra möchte eine kleine Treppe hoch und soll bitte krabbeln. Die Tochter ist jedoch gerade voller Eifer dabei, alles auf zwei Beinen stehend auszuprobieren. Natürlich auch die kleine Treppe.

Die unangenehme Variante: Die Mutter schimpft in einem genervten Ton: »Alexandra, wieso provozierst du mich schon wieder? Ich hab doch gesagt, du sollst nicht laufen« oder »Alexandra, nicht die Mama ärgern! Du sollst da runterkrabbeln!«. Was passiert? Alexandra fängt an zu quengeln und versucht es weiter, die Mama ist genervt.

Zunächst einmal, wissen wir: Alexandra hat keine böse Absicht. Kein Kind in dem Alter möchte »die Mama ärgern«! Abgesehen davon bringt ein »Nicht die Mama ärgern!« absolut nichts. Das Kind mag zwar reagieren, weil es am Tonfall erkennt: »Oh, Mama findet es blöd, was ich mache.« Vielleicht kennt es auch den Satz schon und weiß, dass das – aus welchem Grund auch immer – bedeutet, es soll sein Verhalten sofort ändern. Aber das Kind versteht deshalb weder, WARUM das, was es gerade gemacht hat, scheinbar »falsch« war, noch was es alternativ hätte tun können. In dieser Situation können wir Alexandra zeigen, dass sie die Treppe bitte nur mit uns an der Hand gehen soll. Wir könnten auch sagen: »Ich verstehe, dass du gerne die Treppe runterlaufen möchtest. Aber dann kann es sein, dass du runterpurzelst. Krabbel besser erst einmal.« Grundsätzlich: Dass Alexandra das Treppenlaufen ausprobieren möchte, ist erst einmal toll! Denn das soll sie ja auf Dauer können. Nur die Gefahr kann sie hier eben noch nicht abschätzen.

> Auch hier gilt: Im Idealfall rede ich so mit meinem Kind, wie ich mir wünsche, dass man auch mit mir spricht.

Wer von uns würde es in Ordnung finden, plötzlich laut angeschrien zu werden, nur weil wir etwas versehentlich kaputtgemacht haben, oder weil wir es einfach noch nicht besser wussten oder konnten? Würde uns dann jemand dafür ausschimpfen, wären wir zu Recht verletzt oder würden – genau wie viele Kinder es tun – wütend reagieren.

> Johanna ist zwei Jahre alt und geht mit ihren Eltern im Wald spazieren. Sie hat einen Stock gefunden, der ihr irgendwann aus der Hand rutscht und am Wegesrand ins Grün fällt, das größtenteils aus Brennnesseln besteht. Johanna möchte nach ihrem Stock greifen und streckt die Hand danach aus.

Natürlich neigen Eltern in solchen Situationen dazu, etwas lauter zu reagieren. Es wird dann meist kein entspanntes »Nein!«. Allerdings, ein leicht panisches »Nein, nicht anfassen!« allein, würde 1. dem Kind nicht nachvollziehbar machen, wieso es den Stock nicht wiederhaben darf, und 2. eventuell zu einem Schreckmoment und einer dementsprechend unentspannten Reaktion auf Seiten des Kindes führen.

Hilfreich wäre eine Erklärung: »Schau mal, Johanna, wenn du diese Pflanze da anfasst, piekst und brennt es ganz stark auf der Haut und tut weh. Das ist eine Brennnessel. Die Brennnessel hat ganz zackige Blätter. Wir können ja mal schauen, ob wir noch mehr Brennnesseln sehen hier im Wald. Dann wissen wir schon mal, dass wir die nur angucken, aber besser nicht anfassen.« (Gemeinsam einen neuen Stock zu suchen, wäre natürlich ebenfalls schön.) Eine Erklärung erhöht immer die Chance, dass das Kind beim nächsten Mal in einer ähnlichen Situation selber aufmerksamer ist. Das wiederum erspart uns als Eltern einige Anläufe an Warnungen.

Mats sieht einen Käfer, greift danach – weil kleine Tiere nun einmal spannend sind – und erdrückt dabei das kleine Insekt.

Auch hier habe ich als Elternteil zwei Möglichkeiten. Entweder ich schimpfe und die Situation wird für alle Seiten unangenehm, denn Schimpfen macht uns ja auch keinen Spaß. Es mag vielleicht dazu führen, dass ein Kind auf uns hört, aber das tut es aus Angst vor Strafen oder weil es in gewissen Situationen einfach resigniert. Und das ist sicher nicht im Interesse von uns Eltern.

Die Alternative wäre also: Ich erkläre Mats, weshalb ich möchte, dass er den Käfer nicht anfasst. »Schau mal, der Käfer ist ein ganz kleines Tier. Wenn du ihn anfasst, dann zerdrückst du ihn dabei. Dann kann er nicht mehr fliegen und krabbeln. Wenn du kleine Tiere siehst, dann musst du ganz vorsichtig sein. Schau sie bitte nur an!« (Man kann mit dem Kind auch am Anfang üben, die Hände immer hinter den Rücken zu strecken, wenn es sich kleine Tiere anschaut – als zusätzliche Erinnerung.) Um ganz sicher zu sein, dass Mats weiß, was man meint, lohnt es sich, eine Frage anzuhängen: »Weißt du, was es noch für kleine Tiere gibt, die man nicht anfassen, sondern nur anschauen sollte?«

Wenn das Kind also etwas tut, was es nicht tun soll, weil das beispielsweise gefährlich ist, dann führt Schimpfen einzig und allein zu einem erhöhten Stresslevel auf Seiten des Elternteils – und besonders auch auf Seiten des Kindes.

> Schimpfen führt niemals zu einem Lerneffekt.

Das Einzige, was das Kind abspeichert, ist: »Mama oder Papa werden laut. Ich erschrecke mich und habe Angst (etwa vor Strafen). Aber ich weiß nicht, warum ich gerade etwas falsch gemacht habe.« Besser ist es, wenn das Kind versteht, WARUM es eine Sache nicht tun soll. Es soll verstehen, dass wir ihm als Eltern nicht wahllos Dinge verbieten, sondern das aus bestimmten Gründen –etwa zu seiner Sicherheit – tun. Je häufiger wir also kurz und für das Kind nachvollziehbar erklären oder aufzeigen, weshalb wir auf eine Regel bestehen, desto größer eher wird das Kind dies verstehen können. Kinder befolgen Regeln, die sie verstehen und vielleicht bis zu einem gewissen Grad nachvollziehen können.

> Viele Kinder überprüfen ein paar Mal, ob ihre Eltern an einer Regel auch tatsächlich festhalten. Sie möchten sich ganz einfach absichern: »Gilt diese Regel immer?«

Gazmend wirft mit der Schaufel Sand aus dem Sandkasten heraus. Seine Mutter sagt: »Gazmend, lass den Sand bitte im Sandkasten liegen. Sonst ist gleich der ganze Rasen voller Sand und dann müssen wir das alles wieder aufsammeln. Wenn du noch einmal den Sand wirfst, lege ich die Schaufel erst einmal hoch.« Gazmend testet, ob seine Mutter das auch so meint. Er wirft noch einmal. Seine Mutter kommt und legt ruhig und von einer Erklärung begleitet die Schaufel hoch. Ein paar Tage später dasselbe Szenario. Gazmend muss noch einmal kontrollieren, ob seine Mutter bei ihrer Meinung zum Sandwerfen bleibt. Nun, das tut sie.

Ein paar Stunden später letzte Kontrolle: Gazmend wirft Sand und schaut zu seiner Mutter, bereits in der Annahme, dass sie wohl wieder ankommen wird. Jetzt weiß er es sicher.

Es geht hier nicht um stumpfes Durchsetzen von Regeln. Es geht um die Sicherheit des Kindes, um respektvolles Verhalten gegenüber anderen Menschen und Dingen und ebenso ist es vollkommen legal, dass wir als Eltern unsere eigenen Bedürfnisse im Blick haben. Wir lieben unsere Kinder und möchten sie glücklich sehen, doch das heißt nicht, dass wir unsere eigenen Bedürfnisse und Wünsche konstant hinten anstellen müssen. Auch als Elternteil darf ich mein Glas alleine leertrinken, meine Seite zu Ende lesen, kurz meine Ruhe haben und durchatmen oder mein angebissenes Stück Kuchen für mich behalten wollen. Es gibt mit Sicherheit mehr als genug Momente, in denen wir uns mit den Kanten der Brotscheiben, dem halb geschmolzenen Eis, dem kalten Kaffee oder dem Rest angeknabberten Apfel aus der Snackbox, den wir nicht wegwerfen möchten, begnügen. Es ist eine wichtige Erkenntnis für ein Kind, wenn es sieht, dass auch seine Eltern auf sich selbst achtgeben, schauen, wie es ihnen selbst ebenfalls gut geht und die eigenen Bedürfnisse und Grenzen ernstnehmen.

Fiona ist eineinhalb Jahre alt und schläft abends nur ein, wenn Mama oder Papa mit ihr auf dem Arm durch das Zimmer laufen. Die klagen inzwischen über Rückenschmerzen und haben einfach nicht mehr die Ausdauer und Kraft, dieses Prozedere allabendlich durchzustehen.

Die Entscheidung, dass Fiona bitte ab sofort im Liegen einschläft, ist vollkommen verständlich. Wie könnte man also vorgehen? Das Kind hinlegen, es ggf. weinen lassen und einfach auf einem »Das machen wir jetzt aber so« beharren?

Warum nicht lieber ein wenig die Motivation des Kindes wecken, im Bett zu liegen? Ein besonders kuscheliges Kissen, gemeinsame Schmuse- und Vorlesezeit (beides dann bereits im Liegen) vor dem Einschlafen, eine Sternenhimmellampe ..., alles Dinge, die das veränderte Abendritual für beide Seiten entspannter gestalten und dem Kind den Übergang erleichtern, ohne jedoch unnötig Druck zu machen. Keine Garantie für eine sofortige Besserung, aber einen Versuch ist es immer wert.

Wann immer wir Regeln aufstellen, Vorgaben machen, dürfen unsere Kinder diese selbstverständlich hinterfragen. Dinge zu hinterfragen ist ein wichtiger Lernprozess für das Leben. Das bedeutet aber nicht, dass wir jede Entscheidung unsererseits mit unserem Kind ausdiskutieren müssen.

Wichtig ist es für uns, in solchen Momenten authentisch zu sein. Wir sollten unserem Kind authentisch erklären, warum wir etwas möchten oder eben nicht möchten. Und dabei sollten wir bei der Wahrheit bleiben. Auch bei kleinen Kindern schon. Wir dürfen sagen, dass wir gerne einfach am Abend noch etwas Zeit für uns hätten und deshalb gerne möchten, dass das Kind nun im Bett bleibt. Kinder haben feine Antennen dafür, wann man sie »veräppelt« oder nicht ernst nimmt, weil sie noch klein sind und vermeintlich wenig verstehen. Wenn wir möchten, dass sie darauf vertrauen, dass man ehrlich und offen mit ihnen umgeht und sie dies ebenso tun, sollten wir ihnen dies vorleben.

»Ja oder Nein?« – Die Wirkung positiver und negativer Sätze

Gerade wenn es um den Alltag mit Kindern geht, dreht sich vieles um das starke und in der Regel aussagekräftige Wort »NEIN!«. Ein »Nein« kann Gedanken, Handlungen und Motivation in hohem Maße beeinflussen. Bei uns selbst ebenso wie bei den Kindern. Jeder Elternteil kennt dabei wohl die Momente, in denen die eigenen Nerven in einem so hohen Maße überspannt sind, dass keine Kraft mehr für liebevolle Erklärungen übrig ist, sondern es nur noch für ein genervtes »Nein!« reicht, wenn das Kind zum 25. Mal einen Stein in den Mund steckt oder schon wieder beginnt, die Schublade auszuräumen, nachdem man gerade mal einen Moment der Ordnung erkämpfen konnte.

So herausfordernd es also auch manches Mal sein darf, ich denke, wir sind uns einig, dass es erst einmal am schönsten für alle Beteiligten im Alltag mit Kindern ist, wenn das Wort so selten wie nötig eingesetzt würde. Denn eine positive beJAhende Umgebung, die dem Kind vermittelt, sich in vielem Ausprobieren zu dürfen, tut dem Kind unglaublich gut. Abgesehen davon macht es den meisten Eltern ebenso wenig Spaß ständig das Gefühl zu haben, maßregeln zu müssen und ständig Verbote zu verteilen.

Zunächst einmal gibt es viele Möglichkeiten, aus einem »Nein« ein »Ja« zu machen, ohne die Botschaft, die wir herüberbringen möchten, dabei zu ändern. Hier einige Möglichkeiten:

- Anstelle von: »Nein, es gibt jetzt keinen Nachtisch.«
ein: »Du kannst gerne Nachtisch haben. Ich möchte aber, dass du vorher etwas von der Hauptspeise isst.«
- Anstelle von: »Nein, es gibt jetzt nichts Süßes.«
ein: »Wenn du etwas Süßes möchtest, kann ich dir Folgendes anbieten: Banane, Datteln, ein Brot mit Honig. Was würde dir davon am besten schmecken?«
- Anstelle von: »Nein, da nicht drangehen!«
ein: »An die Schublade darfst du nur mit mir zusammen drangehen.«
- Anstelle von: »Nein, nicht aus dem Bollerwagen klettern!«
ein: »Bleib bitte auf deinem Popo sitzen!«

Dieselbe Botschaft wird auf diese Weise von einem Verbot in eine veränderte Möglichkeit umgewandelt.

Dennoch: Ganz herum um das Wort »Nein« kommen wir auch nicht. Um zu verstehen, wieso das so ist und wie man dieses Wort gekonnt einsetzt, schauen wir uns einmal einige Grundgedanken in Bezug darauf an.

> Die erste und wichtigste Regel heißt zunächst einmal: Ein »Nein« sollte tatsächlich die eindeutige Bedeutung haben: »Das hier ist nicht erlaubt.«
>
> Wenn wir möchten, dass unsere Kinder gerade in Gefahrensituationen DEFINITIV und unmittelbar auf unser »Nein« reagieren, dann sollten wir es tatsächlich auch nur dann verwenden, wenn etwas wirklich nicht erlaubt ist.

Wenn ich fünf Mal »Nein, nicht werfen!« rufe, aber keine Konsequenz folgen lasse, sondern immer nur mit Konsequenz drohe, wird das Kind vermutlich weiterwerfen. Und das so lange bis Mama schließlich laut wird. »Mein Sohn reagiert immer erst, wenn ich laut werde«, sagen mir Eltern dann häufig. Dass die Kinder erst auf die Lautstärke reagieren, ist dabei vollkommen logisch, denn dieses Verhalten ist schlicht antrainiert. Weil ja auch erst dann eine Konsequenz stattfindet, ist nachvollziehbar, dass das Kind sich angewöhnt: »Ach, ich muss ja gar nicht reagieren. Solange Mama nicht schreit, wird sie nichts machen.« Wenn ich als Elternteil ein Verhalten liebevoll konsequent unterbinden möchte, sollte ich also mit ruhiger Stimme gleich beim ersten Mal reagieren.

Ein »Nein« verliert außerdem an Bedeutung, wenn wir es viel zu inflationär einsetzen. Das Kind wird dadurch, dass das »Nein« einmal gilt und dann in einer vergleichbaren Situation plötzlich doch nicht, stark verunsichert. Es weiß dann nicht mehr: »Ist das jetzt wirklich verboten oder darf ich es doch?« Das Kind wird es also mit großer Wahrscheinlichkeit noch einmal testen, um sich irgendwann sicher zu sein, welche Regel denn jetzt letztendlich gilt.

Wenn es in Situationen erst »Nein!« heißt und dann plötzlich doch wieder erlaubt ist, ist das schlicht verwirrend. Heißt es »Nein, lass das stehen!« und dann, wenn das Kind den Gegenstand dann doch nimmt, passiert nichts, wertet das Nein in seiner eindeutigen Bedeutung ab und macht es für die Kinder quasi »wackelig«.

Und natürlich ist kein Elternteil der Welt hier immer konsequent. Es gibt immer Situationen, in denen man als Mama oder Papa einfach nur der Ruhe wegen oder weil man sich vielleicht doch unsicher ist, ob die gesetzte Regel so Sinn macht, nachgibt. Es hilft, sich bewusst zu machen, dass das Kind dann jedoch beim nächsten Mal noch einmal prüfen wird, was nun gilt, und ihm dann keinen Vorwurf raus zu machen.

> Die zweite Regel lautet: Ein »Nein« ist kein Spiel.

Marie ist eineinhalb Jahre alt und schlägt mit einem Baustein gegen die Fensterscheibe.

Wenn ich jetzt »Nein« sage (und das eigentlich auch so meine), das jedoch in einem scherzenden Ton tue und mir dann das Kind schnappe, es kitzle und sage »Nein, nein, nein, du kleiner Quatschkopf! Das sollst du doch nicht machen!«, dann liegt die Wahrscheinlichkeit, dass Marie das Gleiche postwendend noch einmal tun wird, bei etwa 100 Prozent. Denn es war ja lustig! Warum es also nicht wiederholen?

> Die Botschaft, die wir als Eltern rüberbringen möchten, sollte möglichst immer im Einklang mit unserer Mimik und Tonlage sein.

Wenn ich etwas Wichtiges mitteile, sollte ich das auch mit dem entsprechenden Ernst tun. Wenn ich dagegen etwas im Spaß sage, sollte ich es bewusst auch so betonen. Da aber Kinder noch nicht wie wir Erwachsenen darin trainiert sind, »zwischen den Zeilen zu lesen« oder etwa Ironie zu verstehen, ist es umso wichtiger, dass Mimik, Gestik und Aussage eindeutig zusammenpassen und das Gesagte somit unterstreichen.

Marina ist zwei Jahre alt. Ihre Mutter möchte los, aber Marina sitzt noch in Windeln im Wohnzimmer und hat keine Lust angezogen zu werden. »Marina, wir müssen gleich los. Ich möchte dich jetzt anziehen«, kündigt die Mutter an. Marina grinst, steht auf, ruft lachend »Nee!« und rennt in die Küche.

Wenn ich als Mutter jetzt aus dem ganzen ein Spiel mache, hinter meiner Tochter herrenne und »Ich krieg dich, du kleine Rennmaus!« rufe, ist das durchaus verständlich und erst einmal sehr lieb gemeint. Es wird allerdings dazu führen, dass irgendwann der Punkt kommt, an dem ich als Mama keine Lust mehr habe, dieses Spiel zu spielen, weil ich wirklich losfahren möchte. Aus einem »Ach, ist das lustig« wird plötzlich ein »Jetzt reicht es aber«. Viele Kinder können überhaupt nicht einordnen, woher der Sinneswandel bei den Eltern auf einmal kommt.

Bei der nächsten Situation, in der Marina angezogen werden soll, erinnert sich das Mädchen außerdem: »Letztes Mal fand Mama es lustig, als ich vor ihr weggerannt bin. Das war ein Spiel. Das mache ich jetzt wieder.« Dann kann es aber sein, dass Mama es heute besonders eilig hat und das Spiel gar nicht in ihren Zeitplan passt. Dass Mama das Wegrennen jetzt nicht mehr lustig findet, ist für Marina mit

Sicherheit überhaupt nicht nachvollziehbar und sie wird weiter versuchen, ihre Mutter in ihr Spiel einzubinden.

Grundsätzlich sollte man sich also überlegen: Möchte ich aus diesem und somit auch aus ähnlichen Momenten, die folgen, ein Spiel machen? Wenn ja, dann sollte ich Verständnis für das spielerische Weglaufen meiner Tochter zeigen, wenn ich sie beim nächsten Mal anziehen möchte. Denn sie macht nur das, was ich ihr beigebracht habe: »Anziehen ist ein Spiel, und wenn du wegläufst, finde ich das lustig und renne hinter dir her.«

Wenn ich mich jedoch von vornherein dafür entscheide, dass ich meinem Kind nicht hinterherrennen möchte, um es anzuziehen, sollte ich das auch durchhalten. Das heißt natürlich nicht, dass das Anziehen deshalb unter Druck und Stress geschehen muss: Beim Anziehen ein Lied zu singen, zu schauen, ob die Tochter es (ab einem gewissen Alter) schafft, sich selber anzuziehen, bevor das Lieblingslied auf der CD zu Ende gespielt ist, oder beim Anziehen eine kleine Geschichte zu erzählen, macht die ganze Situation sehr viel entspannter und hält das Stresslevel gering.

> Für Gefahrensituationen kann man zusätzlich ein Wort einführen, das noch eine Bedeutungssteigerung, also noch mehr Kraft hat als ein bloßes »Nein«.

So ein Wort wie etwa »Tabu« oder »No-go«. Das sollte dann nur in sehr wenigen, sagen wir »dramatischen« Situationen gelten, wie z. B. dem Berühren des Herdes, dem Laufen auf die Straße u. Ä. Wenn das Kind das Wort »Tabu« hört, weiß es: »Hier gibt es keinen Diskussionsspielraum. Das ist wichtig. Jetzt muss ich sofort reagieren!« Im Idealfall wurde dem Kind auch noch vorab erklärt, WARUM das Einhalten des TABUs so wichtig ist. Wenn das Kind schon ein wenig die Logik dahinter versteht, hilft das definitiv dabei, dass es sich auch eher an die Regel halten kann. Und diese Logik verstehen durchaus auch schon kleine Kinder: Mit Erklärungen kann man also nicht zu früh beginnen.

Es kommt durchaus auch vor, dass wir als Eltern mit unserer Reaktion vollkommen »über das Ziel hinausschießen«. Rollert etwa unser 3-Jähriger zu weit weg und wir sehen in Gedanken schon, wie er dann irgendwann die befahrene Straße erreicht, schießt unser Stresslevel in der Regel nach oben. In solchen Momenten ist der Ton, den wir an den Tag legen, eher panisch und endet mit einem herausgebrüllten: »Verdammt nochmal, Kind! Spinnst du? Ich hab dir 1000 Mal gesagt, du sollst stehenbleiben, wenn ich STOP rufe!« Kinder wissen oft gar nicht, woher dieser plötzliche Wutschwall ihrer Eltern kommt. Wenn wir einmal überlegen – was ist denn eigentlich gerade passiert, dass wir das Gefühl hatten, so laut werden zu müssen? Wir hatten Angst. Angst, dass unserem Kind vielleicht etwas zustößt. Genau das dürfen wir dem Kind erklären: »Es tut mir leid, dass ich dich so angeschrien habe, aber wenn du so weit weg bist und Richtung Straße fährst, habe ich Sorge, dass du vielleicht nicht rechtzeitig bremst und etwas passiert. Deshalb war ich so laut. Tut mir leid.«

Das erste Weihnachtsfest ist um. Mina läuft einige Tage später fröhlich auf Socken um den Weihnachtsbaum. Die bis dahin heruntergerieselten Tannennadeln, die

Papa bereits zusammengefegt hatte, bleiben in den Socken hängen und verteilen sich rund um den Baum.

Anstatt zu schimpfen und es zu verbieten, gäbe es die Möglichkeit, mit Mina einmal zu schauen, dass Papa gerade alles gefegt hat und dass er das jetzt noch ein weiteres Mal tun muss – ggf. mit Minas Hilfe. Es soll ja ein Lerneffekt für das Kind entstehen, den es in Zukunft auf vergleichbare Situationen übertragen kann. Hier etwa: »Ah, immer wenn Papa etwas zusammengefegt hat, dann soll das so liegenbleiben, weil er sonst noch einmal fegen muss.« Ist das Kind noch sehr klein, kann es sein, dass das im wahrsten Sinne des Wortes ein Test-Lauf war. Das Kind wollte wissen, wie es sich anfühlt, durch Tannennadeln zu laufen. Das darf dann durchaus einmal gemeinsam barfuß getestet werden. Einfach, damit das Kind es einmal weiß und erfährt. Natürlich unter der Prämisse, dass danach das Zusammengefegte liegenbleibt, weil der Papa grundsätzlich nicht möchte, dass dort hindurchgelaufen wird, weil dann alle Nadeln im Zimmer herumfliegen. Das piekt nämlich und muss dann wieder aufgeräumt werden.

Wir möchten natürlich eine sichere, freie und unterstützende Umgebung für unser Kind schaffen. Gerade kleine Kinder sollen wissen, dass sie (sich) ausprobieren dürfen. Denn nur durch Ausprobieren lernen sie. Viele Dinge, die spannend aussehen, wollen getestet werden. Doch kleine Kinder wissen eben oft noch nicht um eventuell lauernde Gefahren.

Die einjährige Alina darf Zuhause selbstverständlich nicht in die Steckdosen fassen. Irgendwann hat sie das auch verstanden. Doch kaum ist sie bei der Oma zu Besuch, geht Alina an die nächstbeste Steckdose.

Häufig gibt es in solchen oder ähnlichen Situationen direkt einen Rüffel von den Eltern. Dabei ist hier eigentlich nur Folgendes passiert: Alina hat verstanden: »Zuhause darf ich nicht an diese komischen Löcher in der Wand fassen.« Warum genau, kann sie noch nicht verstehen. Dann ist Alina bei Oma im Haus und kann noch nicht logisch übertragen, dass diese Regel natürlich für ALLE Steckdosen auf der ganzen Welt gilt – also auch für die bei Oma. Diese Übertragungsleistung kommt einfach erst etwas später. Dass Alina also bei der Oma an die Steckdosen geht, ist keineswegs eine Provokation! Sie weiß einfach noch nicht, dass die Regel »Steckdosen nicht anfassen!« auch in Omas Haus gilt. Hier ist eine kurze Erklärung deutlich effektiver und für beide Seiten selbstredend angenehmer als bloßes Schimpfen! (Gemeint sind hier nicht ellenlange Monologe, sondern einfache, verständliche Aussagen, denen das Kind inhaltlich folgen kann.)

Das bedeutet aber nun nicht, dass – gerade bei etwas älteren Kindern – ein »Nein« nicht auch einmal verhandelbar sein darf. Wenn ich merke, dass mein Kind gerade nicht einfach nur seinen Willen durchsetzen möchte und Grenzen testet, sondern ausgesprochen enttäuscht und traurig auf mein »Nein« reagiert, sollte ich diese Reaktion ernst nehmen (und nicht herunterspielen oder als übertrieben abtun). Die Meinung des Kindes ernst zu nehmen und seinen Standpunkt anzuhören, ist ein wichtiger Bestandteil jeder respektvollen Kommunikation.

Kommunikation und Erziehung

Grenzen aufzuzeigen bedeutet, trotzdem mit den Kindern ins Gespräch zu gehen!

Das Spannende beim Thema Grenzen-setzen, Konsequent-sein und »Nein«-sagen ist eigentlich ein Wort, das eng mit all dem zusammenhängt. Es ist das Wort »nicht«. »Nicht« ist interessanterweise ein Wort, das unser Gehirn nicht bewusst wahrnimmt. Das liegt – vereinfacht gesagt – unter anderem daran, dass wir von klein auf bildhafte Denker sind. »Nicht« ist ein Wort, zu dem wir uns kein Bild im Kopf vorstellen können, und deshalb nehmen wir es nicht wirklich wahr.

Zu »Flugzeug« beispielsweise haben wir in der Regel ein passendes Bild im Kopf. Bei uns Erwachsenen funktioniert das meist genauso wie bei den Kindern. Wenn ich jetzt einen Satz sage, der ein »nicht« enthält – »Denk nicht an einen gestreiften Affen!« –, passiert ziemlich sicher genau das Gegenteil. Fast jeder sieht sofort einen gestreiften Affen vor seinem inneren Auge – während man gleichzeitig versucht, genau das NICHT zu tun.

Immer wenn ich also möchte, dass mein Kind in einer Situation sein Verhalten ändert, sollte ich ihm sagen, was es TUN soll, anstatt, was es NICHT TUN soll.

Sage ich zu einem Kind: »Sei bitte nicht so laut!«, nimmt das Kind in Sekundenbruchteilen das Wort wahr, zu dem ihm am schnellsten ein Bild einfällt – das ist in diesem Fall das Wort »laut«. Was kann ich also alternativ sagen? Ganz einfach: Das was das Kind eben tun soll. Also »Rede bitter leiser!«, »Lauf bitte langsam!«

Kim ist auf dem Spielplatz und hat sich bereits einmal erfolgreich an der Rutsche vorgedrängelt. Jetzt nimmt sie wieder Kurs auf die Rutsche. Ihr Papa möchte, dass sie wartet, bis sie an der Reihe ist.

Aus dem elterlichen Satz »Du sollst noch nicht rutschen!« bleiben in einem Sekundenbruchteil die Wörter »du« und »rutschen« hängen. Kein Wunder also, dass Kim bereits wieder mit einem Bein auf der Rutsche steht. Ein Satz wie »Bleib bitte stehen, bis Linus und Anna fertig sind mit Rutschen!« würde Kim helfen, zu verstehen, was ihr Vater meint. Bei Kindern, die sich mit Regeln, Strukturen und Reihenfolgen schwer tun, kann es auch helfen, mit ihnen einmal durchzuspielen, was sie machen sollen. Mein bewegungsfreudiges Kind drängelt sich beim Rutschen immer vor? Dann kann ich es an die Hand nehmen und ihm die Sache BEGREIFlich machen: »Schau, erst rutscht Linus, dann Anna und danach bist du an der Reihe.« Dabei laufe ich mit ihm die bereits Wartenden einmal ab und stelle mein Kind an das Ende der Reihe.

Grundsätzlich: Wenn mein Kind etwas tut, was es nicht soll, sollte ich sicherstellen, dass es mir auch bewusst zuhört, bevor ich ihm sage, was es bitte stattdessen tun soll. Auch hier hilft es etwa Augenkontakt herzustellen.

Übrigens hören viele Kinder insbesondere dann, wenn wir Eltern sie vor Gefahren schützen möchten, häufig, was sie NICHT tun sollen. »Geh nicht mit Fremden mit!« »Lauf nicht einfach auf die Straße!« »Nimm nichts an von Leuten, die du nicht kennst!« Insbesondere hier wäre es wichtig mit ihnen zu besprechen was sie tun sollen, anstatt, was sie nicht tun sollen. »Lauf bitte immer auf dem Bürgersteig und bleib an der Straße stehen …«

Manchmal befolgen Kinder auch Anweisungen, die gar nicht so wörtlich gemeint waren, wie sie für Kinder klingen.

Gabi kommt aus dem Sandkasten zur Terrassentür. Ihr Papa ruft aus der Küche: »Schütte bitte deine Schuhe vor der Tür aus, Gabi!« Gabi steht ja allerdings schon drinnen und schüttet somit brav ihre Schuhe aus – aus ihrer Sicht – VOR der Tür, also im Wohnzimmer.

Raphael drückt verzweifelt beim Essen an der Ketchup-Flasche herum. Er hämmert damit auf den Tisch, um irgendwie noch etwas herauszubekommen. »Stell die Flasche doch bitte einfach auf den Kopf!« Keine drei Sekunden später thront ein dicker Ketchup-Fleck auf Raphaels Kopf. Er hat die offene Ketchup-Flasche auf seinen Kopf gestellt.

Bildhaft-konkretes Denken ist besonders in diesem Alter sehr fest verankert in den Köpfen unsere Kinder. In der einen oder anderen Situation führt das allerdings dazu, dass die Kinder Anweisungen nicht so verstehen, wie sie gemeint sind. Böse Absicht steckt nicht dahinter.

»Wenn du nicht sofort …!« – Was Strafen und Drohungen bewirken

»Drohungen funktionieren eigentlich ganz gut«, höre ich nicht selten in Gesprächen mit Eltern. »Dann hört mein Kind endlich auf mich.« Durchaus, Drohungen funktionieren – vermeintlich. Doch Drohungen sind immer eine Form von Erpressung. Drohen wir unserem Kind, stellen wir uns in eine Machtposition und verlassen die Beziehungsebene. Wir gehen in solchen Momenten mit schlechtem Beispiel voran. Denn Drohungen zielen darauf ab, dem Kind mit Druck Angst zu machen, dass dieses oder jenes (Schlimme) passiert, wenn es sich nicht wie gewünscht verhält. Dahinter steckt in der Regel das Bedürfnis eines Elternteils nach Ruhe, Ordnung oder Kooperation von Seiten des Kindes.

Es gibt dabei Kinder, die alle paar Minuten hören: »Wenn du nicht …, dann …!« Stellen wir uns einmal einen Moment vor, wir »steckten in den Schuhen« der Kinder. Ständig hätte jemand unser Verhalten im Blick und bei einem Patzer (der vielleicht nur ein Versehen war oder den wir selbst gar nicht als Fehlverhalten eingeschätzt hätten), würde man uns mit bösen Folgen drohen. Würde dies wiederholt passieren, stünden wir mit großer Wahrscheinlichkeit unter ständiger Sorge, irgendetwas falsch zu machen.

Sätze wie »Ich lass dich hier alleine auf dem Spielplatz, wenn du jetzt nicht mitkommst!« oder »Wenn du nicht lieb bist, drehen wir um und fahren nicht in den Urlaub!« sind kontraproduktiv und völlig sinnlos: Sie werden am Ende ja nicht eingehalten. Wer lässt sein Kind schon wirklich alleine zurück? Von der Urlaubsplanung, die sich vollkommen nach dem Verhalten eines Kindes richtet, ganz zu schweigen. Das Kind lernt aus diesen leeren Drohungen: Mama und Papa machen mir Angst.

Hierzu gehört ebenso das gerne genommene: »Ich zähle bis drei …! Wenn du bis dahin nicht …« Ja und dann? Nun sollte ich als Elternteil schon wissen, was denn dann passiert. Und was ich dann tun werde. Im anderen Falle kann ich lange bis drei zählen. Wenn ich möchte, auch immer wieder. Das Kind wird irgendwann allerdings nicht mehr darauf reagieren. Verständlicherweise.

Angstmachende Drohungen können sich in vielen kleinen Momenten im Alltag mit Kind verstecken. In Sätzen, die wir vielleicht auf den ersten Blick gar nicht bewusst als Drohung eingeschätzt hätten, die jedoch den Effekt einer Drohung mit sich bringen:

- »Wenn du jetzt nicht in die Wanne gehst, dann möchte dich Oma gleich nicht in den Arm nehmen.«
- »Wenn du die Jacke nicht anziehst, erkältest du dich.«
- »Wenn du so läufst, fällst du hin!«
- »Wenn du noch einmal so gemein bist zu Lukas, dann möchte der sich vielleicht nie wieder mit dir verabreden.«

Ich gebe zu, dass solche Sätze nicht zwingend böse gemeint sind. Schaut man sich diese Sätze jedoch einmal genau an, beinhalten sie Androhungen von Strafe, Liebesentzug, Krankheit, Schmerzen und dem Verlust eines Freundes. Und auch sie entsprechen keinesfalls unbedingt der Wahrheit. Denn, wer weiß schon, ob das Kind direkt krank wird, ob es tatsächlich fällt, ob Lukas nicht doch wieder Lust auf ein gemeinsames Spiel hat …? Die Sorge oder Angst, die diese Sätze erzeugen, ist für die Kinder jedoch real und – fallen Sätze dieser Art wiederholt – durchaus prägend. Eng geknüpft an Drohungen ist die Idee der Strafe, wenn ein Kind nicht »funktioniert«, wie wir Erwachsenen es gerne hätten.

> Strafen sind dabei eine Form von Dressur, um das Verhalten der Kinder auf schmerzhafte Weise zu steuern.

 Der 4-jährige Ben schießt den Ball in die Blumen im Garten, die daraufhin abknicken.

Der unangenehme Weg der Strafe sähe hier so aus, Ben nun für den Rest des Nachmittags ins Haus zu verbannen, ihm irgendeine geliebte Tätigkeit zu verbieten oder er gar auf sein Zimmer gehen müsste, um über seine »Tat nachzudenken«. Der »Geh-auf-dein-Zimmer«-Joker wird auch dann gerne gezogen, wenn Kinder sich in Diskussionen hochschaukeln oder Regeln wiederholt nicht einhalten. Wenn wir allerdings das Kind mitten in einem Streit wegschicken, es ein »Time out« bekommt, beenden wir die Diskussion künstlich. Wir schicken das Kind quasi in Isolation und lassen es mit seinen negativen Gefühlen alleine.

Ganz am Rande: Kein Kind, das während seiner Strafzeit im Zimmer sitzt, denkt: »Ja, Mensch, was hab ich denn da eben gemacht? Das war ja gar nicht schlau von mir. Wie kann ich das denn beim nächsten Mal besser machen? Wie blöd ich mich verhalten habe! Es tut mir so leid – ich entschuldige mich direkt mal.« In der Regel schmollen und spielen die Kinder – sind sauer auf die Person, die geschimpft hat und steigern sich im schlimmsten Fall noch in ihre Wut hinein, weil sie sich nicht verstanden fühlen. (Hinzu kommt, dass das eigene Zimmer ein Ort des Rückzugs sein sollte, ein positiver Raum, in dem ich mich als Kind ausleben und mich wohlfühlen kann. Wird dieser Raum wiederholt als Strafe eingesetzt, verliert er seinen wichtigen positiven Wert.)

Bleibt ein Streitthema auf diesem Wege ungeklärt, erlebt das Kind in diesem Moment einen Beziehungsabbruch anstelle einer Lösungsfindung. Wir Erwachsenen sitzen quasi »am längeren Hebel« und nutzen diese Machtposition aus. Wir erwarten im Gegenzug, dass das Kind sein Verhalten reflektiert und sich entschuldigt.

Natürlich gibt es Situationen, in denen beide streitenden Parteien einfach einen »Break«, brauchen und eine Pause sinnvoll ist, um erst einmal durchzuatmen, einfach vielleicht damit es nicht noch weiter eskaliert. Aber auch wenn wir einen Streit unterbrechen, ist es wichtig, dem Kind zu signalisieren, dass wir sehen, dass es ihm mit der Situation auch nicht gut geht, dass wir Interesse haben an seinen Gefühlen. Bei kleinen Kindern können wir anbieten, eine Pause zu machen und sie dafür kurz auf den Arm zu nehmen, den Raum zu verlassen, an die frische Luft zu gehen – ohne weiter aufeinander einzureden. Sitzt ein Kind nun doch allein im Zimmer, können wir nach einigen Minuten vorsichtig klopfen und einfach fragen, ob alles in Ordnung ist. Einfach, um zu zeigen, dass wir da sind, wenn Redebedarf besteht.

Eine Problemlösung können wir meist erst dann finden, wenn sich alle etwas beruhigt haben. Dann funktionieren die Synapsen im Gehirn wieder normal und wir können gemeinsam mit dem Kind schauen, wie wir in Zukunft mit solchen oder ähnlichen Situationen umgehen möchten.

Aber noch einmal zurück zu Ben, der die Blumen zerschossen hat:

> Viele Momente bringen einen Lerneffekt mit sich, indem wir aufzeigen, welche Folgen eine Tat nach sich zieht.

Wenn ich die Blumen zerschieße, muss ich (je nach Alter des Kindes) dafür sorgen, dass neue Blumen gekauft und eingepflanzt werden. Wenn ich jemandem wehtue, sollte ich mich entschuldigen und ihm meine Hilfe anbieten (z. B. ein Pflaster oder Kühlpad holen).

Wenn das Kind zum Beispiel gekleckert hat (und alt genug ist, diese Logik zu verstehen), kann ich auch sagen: »Maik, du hast das verschüttet, mach bitte den Fleck weg!« Tut er das nicht, kann es heißen: »Wenn du den Fleck erst später wegmachst, ist er eingetrocknet. Dann dauert es viel länger, alles sauber zu machen.« Wenn Maik den Fleck trotzdem erst später wegmachen möchte, wird er folglich länger brauchen. (Aber darauf haben wir ihn ja bereits hingewiesen. Dann brauchen wir später den Satz »Hab ich dir doch gesagt, dass das jetzt schwer rausgeht!« auch gar nicht mehr nachzuschieben. Das merkt er ohnehin selber.)

Das heißt nicht, dass man im Eifer des Gefechts nicht auch einmal den »Das war's – wir gehen jetzt nach Hause«-Joker ziehen darf, insbesondere auch dann, wenn einem gerade so gar nichts einfällt, was als Konsequenz passen würde. Oder auch, weil man als Elternteil gerade einfach mal an die eigenen Grenzen kommt und einfach nicht mehr kann.

Die Ausnahme bestätigt hier die Regel: Mit logischen Konsequenzen auf ein bestimmtes Verhalten fahren beide Seiten gut und die Kinder verstehen deutlich schneller, was es heißt, verantwortlich zu handeln.

> Wenn ich dann eine Folge oder Konsequenz ankündige, muss sie auch stattfinden.

Und ja, liebevoll konsequent zu sein, ist nicht der schnellste Weg. Strafen geht vermeintlich schneller. Zumindest verbal. Ein kurzes »Wenn du jetzt nicht, dann …« ist schneller hinausgeschossen als ein »Schau mal, ich möchte bitte, dass du …, damit …«. Das möchte ich an dieser Stelle gar nicht in Abrede stellen. Doch das, was Strafen mit sich ziehen, den Streit, die Wut, … – das zieht Kraft und tut weh – dem Kind ohnehin und den Eltern auch.

Ganz davon abgesehen enthalten Strafen eine doppelt negative Botschaft: Zunächst einmal sind sie häufig nichts weiter als ein Weg von uns Eltern, den aufgestauten Frust, Stress, Ärger … häufig unbewusst als negative Energie an unserem Kind auszulassen. Das Kind allerdings wird so nur noch unsicherer und hat Sorge, etwas falsch zu machen. Diese Unsicherheit führt meist dazu, dass das Kind noch mehr nach Nähe und Schutz seiner Bezugsperson verlangt. Was durch eine erneute Strafe nur wieder abgeblockt würde. Es entsteht ein Kreislauf, der beim Kind und bei den Eltern zu einem enorm hohen Level an tiefer innerer Frustration führen kann.

Davon abgesehen betonen Strafen das unerwünschte Verhalten unseres Kindes zusätzlich und heben es damit – wenn auch auf negative Weise – hervor. Auch das ist eine Form von Aufmerksamkeit. Kinder, die nicht ausreichend positive Aufmerksamkeit in Form von Zuwendung erhalten, greifen oft auf diesen für sie logischen Ausweg zurück: Bevor ich gar nicht gesehen werde, mache ich etwas Unerwünschtes, damit man mir überhaupt Aufmerksamkeit schenkt.

> Dinge, die gut laufen, sollten grundsätzlich mehr Aufmerksamkeit und Gewichtung bekommen als Dinge, die (noch) nicht gut geklappt haben.

Natürlich ist es normal, verbal eher zu reagieren, wenn das Kind den Fernseher nicht wie abgesprochen nach 15 Minuten ausstellt, als es positiv hervorzuheben und sich zu bedanken, wenn tatsächlich nach einer Viertelstunde der Bildschirm aus ist.

Doch in aller Regel laufen zum Glück die meisten Dinge gut. Der Alltag besteht ja nicht zum Großteil aus Dingen, die allesamt nicht klappen. Auch wenn – gerade bei kleinen Kindern – einfach öfter einmal etwas umkippt, verschmiert, kaputt geht … Wenn es dann irgendwann klappt, dürfen und sollen wir uns als Eltern natürlich ehrlich mitfreuen und dem Ganzen mehr Beachtung schenken als den Versuchen zuvor.

Generell und ganz allgemein hilft es Eltern, auf dem Weg zu entspannten Reaktionen die Frage: »WARUM tut mein Kind etwas? Welches Bedürfnis oder welche Absicht steckt dahinter? Was lernt es dabei vielleicht gerade?«

> Die Mama hat ihr Saftglas auf dem Wohnzimmertisch vergessen und steht nun in der Küche. Ihr zweijähriger Sohn Niels kommt mit ihrem halbvollen Glas in die

Küche, trägt es unsicher, lässt es schließlich fallen. Das Glas zerbricht, der Saft verteilt sich auf dem Küchenboden.

Was wollte der Junge? Wollte er seine Mutter ärgern? Ganz sicher nicht. Abgesehen davon, dass Niels sich gerade vermutlich mächtig erschrocken hat, dachte er vielleicht: »Mama hat Durst!«, und wollte ihr das Getränk bringen. Vielleicht wollte er Aufräumen spielen. Vielleicht wollte er Glas-Balancieren üben ... Wie auch immer. In jedem Fall sind das alles keine Gründe, mit dem Kind zu schimpfen oder gar böse zu werden. Das heißt nicht, dass man nicht klar sagen darf, dass der Sohn das volle Glas von Mama bitte in Zukunft stehenlassen soll. Aber dafür reicht schlichtweg eine einfache Erklärung. Und sollte Niels tatsächlich gedacht haben: »Mama soll keinen Durst haben, deshalb bringe ich ihr etwas zu trinken!«, wäre hier sicher ein Dank eher als ein Schimpfen angebracht.

Wir funktionieren auch hier genau wie die Kinder. Wenn ich etwas tue, um jemandem einen Gefallen zu tun oder zu helfen, und dabei geht etwas schief, dann möchte ich doch nicht dafür bestraft werden. Wenn ich aus Versehen etwas fallen lasse, dann ärgere und erschrecke ich mich doch selbst schon, dann möchte ich doch nicht noch Vorwürfe hören!

Noelia klopft konzentriert mit verschiedenen Bausteinen auf die Tischplatte. Die Mama sitzt mit einer Freundin auf dem Sofa und unterhält sich. Das ständige Klopfen der Tochter stört dabei.

Kinder und insbesondere Kleinkinder provozieren nicht bewusst oder mit böser Absicht! Sie kämen gar nicht auf die Idee, Mama oder Papa absichtlich zu ärgern oder zu nerven.

Sie lieben ihre Eltern und möchten ihnen selbstverständlich niemals etwas Böses! Gerade in den ersten Lebensjahren können sie sich eine bewusst hinterlistige Absicht auch gar nicht ausdenken. Das heißt nicht, dass Kinder nicht Grenzen testen.

Was also tun, wenn klein Noelia völlig in Gedanken laut und fröhlich weiterklopft? Die (unangenehme) Option wäre demnach: Ich gehe zu ihr, nehme ihr die Steine weg und sage: »Du sollst mit den Bausteinen nicht auf den Tisch trommeln!«

Wenn ich gedankenversunken im Büro gesessen, mit meinem Kuli auf dem Tisch getrommelt hätte und meine Kollegin würde angehetzt kommen und mir aus dem Nichts meinen Kuli aus der Hand nehmen und schimpfen, würde ich mich völlig überrannt fühlen und sicherlich kein Verständnis für ihre plötzliche Überreaktion zeigen.

Was also tun? Wie könnten wir so reagieren, wie wir es selbst gerne hätten?

»Noelia, schau mal, ich rede gerade mit Sylvia. Wenn du die ganze Zeit klopfst, können wir uns gar nicht gut unterhalten. Dann tun mir auch bald die Ohren weh. Bitte nimm die Bausteine nur zum Bauen und stell sie nur aufeinander.« Alternativ können wir auch schauen, was eben Noelias Intention war? Vielleicht wollte sie Musik machen? Dann könnten wir einen Rahmen anbieten, in dem sie sich musikalisch ausprobieren darf, so dass unser Gespräch trotzdem weiter stattfinden kann.

Sicher gibt es keine Garantie, dass in einer solchen Situation ausnahmslos alles und 100-prozentig klappt bzw. umgesetzt wird, aber eine Erklärung oder Alternative erspart beiden Seiten doch ein enormes Stresspotenzial. Es zeugt zudem von dem Respekt, den wir uns für uns selber ganz fraglos ebenfalls wünschen würden.

Konsequenzen sprachlich zu erklären, hilft also. In einigen Situationen wäre es sogar noch besser, dem Kind konkret *vorzumachen*, was im Falle des Falles passieren kann: »Schau mal, wenn du dich so auf den Stuhl stellst, dann – PLUMPS – kippt der irgendwann so vorne über!« »Schau mal, was mit dem Löffel passiert, der auf dem Tisch liegt, wenn wir jetzt zusammen an der Tischdecke ziehen. Der fällt auf den Boden. So können viele Sachen kaputtgehen. Deshalb soll die Tischdecke immer auf dem Tisch liegen bleiben.«

Till ist eineinhalb Jahre alt und weiß, dass er nicht auf dem Sofa stehen oder darauf herumlaufen soll. Heute aber steht Papa in Tills Anwesenheit auf dem Sofa, um die Gardinenstange zu richten. Als die Mama kurz darauf ins Wohnzimmer kommt, steht auch Till dort oben und strahlt sie an.

Till handelt durchaus logisch, denn er denkt: »Oh, toll, Papa steht auf dem Sofa! Dann darf ich das bestimmt auch. Was hat Papa da Spannendes gemacht? Das probiere ich auch mal aus!« Logisch ist das vollkommen nachvollziehbar: Papa hat es ja vorgemacht. Nun einfach zu schimpfen, bringt uns hier kaum weiter. Um den bestehenden Widerspruch aufzuklären, wäre es sinnvoller, Till zu erklären, dass Papa nur gerade auf dem Sofa stand, um die Gardinenstange zu richten, dass das also eine Ausnahme ist und dass weiterhin die Regel gilt, dass auf dem Sofa nur gesessen wird. »Auf dem Sofa darfst du sitzen und liegen! Wenn du läufst oder dich daraufstellst, setze ich dich runter, weil ich sonst Sorge habe, dass du herunterfällst.«

Eine ähnliche Situation wäre es z. B., wenn das Kind weiß, dass es keine Blumen abreißen soll, Mama oder Papa dann aber an einer Pflanze die (trockenen) Blüten abknipsen. Das ist verwirrend: Plötzlich dürfen Blüten abgepflückt werden? Auch da hilft eine Erklärung mehr als ein bloßes Schimpfen, wenn das Kind dann auch etwas abpflückt. Wir können gemeinsam schauen, welche Blüten trocken sind und welche noch frisch. Die trockenen kann man toll zusammen abpflücken. Wir sollten kleinen Kindern zutrauen, solche Zusammenhänge zu verstehen, wenn wir sie ihnen kindgerecht vermitteln.

Tatsächlich lassen sich viele Momente beobachten, in denen Kinder nur das Verhalten ihrer Eltern kopieren. Sei es, wenn sie noch schnell vor dem nahenden Auto über die Straße laufen wollen, wenn sie bestimmte Schimpfwörter verwenden, wenn sie das Messer ablecken, mit der Zahnbürste im Mund herumlaufen oder der Mama im Vorbeigehen auf den Popo hauen, weil Papa das doch eben auch gemacht hat. Wir Eltern sind in ALLEM, was wir tun, für die Kinder Orientierungspunkte. Was wir tun, ist in den Augen unserer Kinder erst einmal richtig. Deshalb tun sie es uns gleich. Machen wir uns dies bewusst, ist klar, dass es nicht fair wäre, Kinder für das, was sie uns nachmachen, zu schimpfen. Im Gegenteil bietet dieses Nachahmen die unfassbare Chance, die Kinder in ihrem Umgang mit anderen, mit sich selbst in ihren Werten positiv zu prägen.

Kommunikation und Erziehung

»Ich möchte das!« – Was dürfen Kinder entscheiden?

Wenn wir auf Augenhöhe kommunizieren, bedeutet das selbstverständlich auch, dass wir das Kind in Entscheidungsprozesse einbinden. Kinder wollen und sollen sich als selbstwirksam erleben.

 Selbstverständlich wächst der Rahmen, in dem ein Kind Entscheidungen treffen darf, mit dem Alter mit.

Ein dreijähriges Kind kann – allein schon, weil es bestimmte Zusammenhänge nicht überblickt – noch nicht die Entscheidungen treffen, die ein achtjähriges Kind treffen kann. In welchem Rahmen sollte ein Kind also Dinge alleine entscheiden dürfen?

Entscheidungen zu treffen, heißt, Verantwortung zu übernehmen. Wenn ich Verantwortung übernehmen darf, man mir zutraut, eigenständig Dinge anzugehen und zu entscheiden, unterstützt das das Vertrauen in das eigene Können, die eigene Selbstwirksamkeit. Wann immer möglich, zeigen wir deshalb dem Kind die vorhandenen Möglichkeiten und Folgen auf, damit es sich für und gegen Dinge entscheiden kann.

Stellen wir die Kinder vor die Wahl: »Also, wir können jetzt noch auf dem Spielplatz bleiben. Dann kannst du hier noch etwas länger spielen. Oder aber wir gehen jetzt nach Hause, dann haben wir noch Zeit zum Backen. Beides schaffen wir leider nicht. Was möchtest du lieber machen?« So wird das Kind Teil des Entscheidungsprozesses und in diesen aktiv eingebunden. Dabei ist es wichtig, dass dem Kind die beiden Möglichkeiten neutraler Alternativen angeboten werden. Heißt, dass wir uns als Elternteil mit der Entscheidung des Kindes zufrieden geben, ganz gleich, wie sie ausfällt. Auch wenn wir vielleicht selber gerne noch gebacken hätten, sollten wir die vom Kind getroffene Entscheidung so akzeptieren, vorwurfsfrei und offen. Schließlich hatten wir es angeboten.

> Wenn wir die vom Kind getroffenen Entscheidungen akzeptieren, lernt es etwas sehr Wichtiges. Es merkt: »Ich werde ernstgenommen in dem, was ich tue.«

Das Kind trainiert so quasi seinen »Entscheidungsmuskel«. Das ist wichtig, weil Kinder so lernen, sich bewusst für und ggf. auch gegen bestimmte Dinge zu entscheiden. Gerade wenn sie in die Schule kommen, werden über Medien, Freunde etc. viele Dinge an sie herangetragen, die u. U. nicht gut für sie sind. Im Idealfall haben sie gelernt, ihre eigenen Entscheidungen zu treffen, und vertrauen darauf, dass diese Entscheidungen ernstgenommen werden.

Bei kleinen Kindern sollten wir lediglich **zwei** Dinge zur Auswahl stellen, um sie mit der Entscheidung nicht zu überfordern.

Die zweijährige Mimi hat Durst und die Mutter geht mit ihr zur Schublade mit den Bechern und Gläsern. Sie fragt »Woraus möchtest du trinken?« Mimi zeigt erst auf den blauen Becher. Die Mutter nimmt ihn heraus. Mimi sagt daraufhin »Nee!« und schiebt den Becher von sich. Sie zeigt auf den Becher mit den Punkten. »Den!« Die Mutter gibt ihr den gepunkteten Becher. Mimi schüttelt den Kopf. »Glas!«, sagt sie und streckt die Hand aus nach einem der Gläser … Dieses Spiel zieht sich noch einige Zeit hin.

Auch hier hätte eine simple Auswahl von »Möchtest du diesen Becher oder das Glas?« gereicht. Denn das, was Mimi da gerade macht, ist ein klassisches Beispiel von »Ich probiere mal aus, wie lange Mama das mitmacht.« Auch hier gibt es keinen Grund, zu schimpfen. Aber doch guten Grund genug, das Spiel nicht mitzuspielen und dem Ganzen klar (hier: durch eine reduzierte Auswahl) vorzubeugen.

Das Kind braucht Entscheidungen, die es am Ende tatsächlich auch treffen kann und darf. Im Alltag mit Kindern werden diese jedoch immer wieder vor Entscheidungen gestellt, die gar keine sind: »Sollen wir dich jetzt mal anziehen?« oder »Wollen wir jetzt mal langsam nach Hause gehen?« oder »Wollen wir heute mal den Rasen mähen?«. Die »Fragen« klingen nett, stellen das Kind aber vor die Wahl, hier »Ja« oder »Nein« zu sagen, obwohl ein »Nein« von Seite der Eltern aus dann meist gar nicht akzeptiert wird.

Gleiches gilt auch für das kleine Wörtchen »Okay«, das von Eltern nett gemeint gerne einmal an Sätze angehangen wird, die eigentlich keine Option für das Kind beinhalten. »Wir gehen gleich mal ins Bett, okay?« oder »Jetzt gibt es gleich Abendbrot, okay?« oder »Wir mähen heute mal den Rasen, okay?«. In allen Fällen klingt es so, als dürfte das Kind hier eine Entscheidung treffen.

Die Mama fragt ihre vierjährige »Meike, wollen wir heute Tante Mara besuchen?«. Meike hat allerdings wenig Lust dazu und sagt quengelig: »Neein!« Die Mutter daraufhin: »Doch, wir fahren gleich zu Tante Mara. Wir sind zum Kaffee verabredet.« Die Tochter wiederholt darauf ihr »Nein, nein!« und stellt sich quer.

Die »Frage« an Meike war ja durchaus lieb gemeint. Nur: Die Entscheidung ist natürlich längst gefallen. Die Mutter möchte ihrer Tochter eigentlich nur mitteilen: »Wir fahren heute zu Tante Mara.« Formuliert sie das jedoch als Frage, kann es passieren, dass das Kind eben mit einem »Nein« antwortet, denn es wurde schließlich gefragt, ob der Plan stattfinden soll. Die vorab bereits festliegende Entscheidung der Mutter ist für Meike natürlich frustrierend und sie ist zu Recht wütend, weil ihre Entscheidung nicht ernst genommen wurde.

Wir können Meike stattdessen mitteilen: »Wir besuchen gleich Tante Mara. Möchtest du selbst in den Autositz klettern oder soll ich dich reinheben?« Oder etwa: »Möchtest du die blaue oder die grüne Jacke anziehen?« Und/oder: »Sag mal, Meike, möchtest du vielleicht eins von deinen Puzzles mitnehmen und es Tante Mara zeigen?«

Die kleine Teresa wird jeden Morgen gefragt, was sie auf ihrem Butterbrot haben möchte. Teresa sagt immer »Nutella« und fängt dann an zu quengeln, wenn die Mama sagt: »Nein, Nutella nicht!«, obwohl die Tochter sehr wohl weiß, dass es zum Frühstück grundsätzlich kein Nutella gibt.

Wenn ich die Entscheidungsfähigkeit meines Kindes unterstützen möchte, führen nachträgliche Einschränkungen (»Nein, aber kein Nutella!«) dazu, dass das Kind lernt: »Meine Entscheidungen gelten letztendlich ja doch nicht.« Was also tun?

Stellen wir also nur Dinge zur Entscheidung, die auch WIRKLICH uneingeschränkt gewählt werden dürfen!

»Möchtest du Käse oder Marmelade auf deinem Brot haben?« Egal, was das Kind hier wählt – es ist in Ordnung und gilt.

Wenn ich bei Minusgraden mein Kind frage: »Was möchtest du heute anziehen?«, es dann das Sommerkleid auswählt und ich sage »Nein, DAS aber nicht!«, dann wäre eine dem Alter und dem Wetter entsprechende Auswahlmöglichkeit besser gewesen.

Eine Möglichkeit, wenn ein Kind z. B. nicht vom Spielplatz mit nach Hause kommen möchte, wäre auch: »Es wird Zeit. Wir müssen jetzt los. Möchtest du laufen oder soll ich dich tragen? Gehen werden wir jetzt auf jeden Fall.« Möchte das Kind tatsächlich auch dann nicht mitgehen, heißt es (auch hier ohne zu schimpfen): »Okay, wenn du das nicht entscheiden möchtest, dann entscheide ich das jetzt. Dann kommst du auf dem Arm mit.« Und dann: Liebevoll, aber konsequent auf dem Arm – und ab geht's nach Hause.

Wenn ein Kind etwas partout nicht möchte – z. B. ins Auto einsteigen, hilft es manchmal auch, das Kind um einen kleinen Gefallen zu bitten. »Könntest du mir schon einmal die leere Tasche zum Auto tragen? Die brauchen wir gleich fürs Einkaufen.« Das Sich-sinnvoll-fühlen überdeckt häufig den Drang, etwas nicht machen zu wollen.

Kommen wir in eine Situation, in der wir vor unserem quengelnden Kind stehen, hilft oftmals auch hier, unser Kind vor eine Auswahl aus (lediglich) zwei Optionen zu stellen. Wenn (nur) zwei Sachen zur Auswahl stehen, lenkt das den Fokus mehr auf die Entscheidung an sich als auf das Quengeln als Handlungsmuster. Wichtig ist hier die Zahl zwei! Einem quengelnden Kind alle verfügbaren Optionen anzubieten, nur damit es nicht mehr quengelt, führt im Endeffekt nur dazu, dass es schon sehr bald dieses Quengeln zielorientiert einsetzen wird, um eben all die vielen tollen Dinge angeboten zu bekommen. Auf lange Sicht führt das eher zu mehr als zu weniger Quengeln. Eine logische Vorgehensweise.

Je früher ich meinem Kind »Extrawürste« brate, desto früher wird es diese immer wieder verlangen, denn es hat ja gelernt: »Wenn ich nur lange genug quengle, muss ich das Butterbrot nicht essen und Mama macht mir stattdessen Nudeln warm.« Ab einem gewissen Alter wird das dem Kind klar und es wird mit zunehmend mehr Ausdauer und Hartnäckigkeit daran gehen, sein Ziel zu erreichen. Das gilt übrigens natürlich nicht nur für das Essen: »Wenn ich nur lange genug quengele, macht Papa mir am Ende meine Serie an.« »Wenn ich sechs Mal frage, fünf Mal ein Nein bekomme, dann kommt beim sechsten Fragen immer ein Ja.« Das führt zum immer selben Ergebnis: Die Kinder werden es mit doppelter Motivation beim nächsten Mal erneut versuchen. Zu Recht. Denn seien wir einmal ganz ehrlich: Das würden wir doch genauso tun. Wenn ich meinen Chef drei Mal nach einer Gehaltserhöhung frage und ich weiß, beim vierten Mal sagt er »Ja«, da werde ich doch ebenso hartnäckig sein wie meine Kinder.

> Samuel ist fast zwei Jahre alt und spielt im Garten. Seine Mutter sitzt auf der Terrasse. Im Spielverlauf rutschen Samuels Hosenbeine immer ein wenig nach oben, so dass seine Waden frei sind. Das stört ihn scheinbar sehr. Immer wieder steht er quengelnd da und zeigt mit einem langgezogenen »Neeeeeee« auf seine Hosenbeine. Er möchte, dass seine Mutter ihm die Hosenbeine wieder zurechtzieht. Nach wiederholtem Quengeln hat Samuels Mutter keine Lust mehr darauf.
> »Schau mal«, sagt sie. Sie stellt sich vor ihren Sohn und zieht ihre eigenen Hosenbeine hoch. »Oh Mann oh Mann, da sind ja meine Hosenbeine ganz nach oben gerutscht. Was kann ich denn da wohl machen?« Sie hüpft mit den hochgezogenen Hosenbeinen ein wenig umher. Samuel lacht. »Oh, ich weiß einen Zaubertrick!«, grinst die Mama.
> »Ich sag einfach HEXHEX und ziehe Schwuppdiwupp meine Hosenbeine einfach runter. Erst das Rechte, dann das Linke. Schwupps – sind sie wieder unten! Kannst du auch bei dir hexen?«

Ich kann nur jeden Elternteil ermutigen, solchen »alternativen« Lösungswegen so oft wie möglich eine Chance zu geben und sie dem Schimpfen vorzuziehen.

Als kleine Ergänzung zum Quengeln: Es gibt auch Kinder, die immer als Erste an der Reihe sein wollen, die drängeln, und wenn das nicht klappt, sauer werden, wenn sie warten müssen. Hier gilt eine einfache Regel (und das werden die Kinder nach und nach verstehen): Wer drängelt, (be)kommt zuletzt.

> Kinder brauchen nicht selten auch ein wenig Vorlaufzeit für eine Entscheidung. Deswegen vermeidet es Stress, wenn wir die Zeit dafür möglichst miteinkalkulieren.

Schließlich möchten wir auch nicht gerne aus einer Tätigkeit rausgerissen werden – besonders dann nicht, wenn es gerade Spaß macht. Wenn ich ein Buch lese und mein Mann plötzlich ankündigt: »So, Buch weglegen! Wir fahren jetzt sofort in die Stadt«, ich aber gerade in ein spannendes Kapitel vertieft bin, geht meine Motivation, meinen Mann zu begleiten, gegen Null. Gleiches gilt für die Kinder. Es hilft also, dem Kind ein paar Minuten vorher eine entsprechende Info zu geben »Du hast noch fünf Minuten Zeit, dann gehen wir. Möchtest du jetzt noch einmal rutschen oder zu Ende schaukeln?«

Natürlich gibt es immer wieder Momente im Alltag, an denen wir als Erwachsene etwas entscheiden und unser Kind das nicht unbedingt großartig findet. Nicht selten versuchen die Kinder das dann durch Ausdiskutieren zu ändern. (»Aber ich hatte doch erst fünf Gummibärchen! Das ist doch nicht zu viel Süßes!« »Die anderen Kinder dürfen das auch alle!«) Zunächst einmal: Warum diskutieren – ja auch schon sehr kleine – Kinder? Weil sie eben eine Grenze vielleicht nicht mögen, die wir gesetzt haben, und versuchen uns umzustimmen. Warum diskutieren wir? Weil wir nicht mögen, wie die Kinder auf die von uns gesetzten Grenzen und Regeln reagieren. Es könnte doch so einfach sein, wenn die Kinder einfach verstünden, warum sie dies oder jenes bitte nicht tun sollten. Weil doch Gemüse eben gesund ist, die Haut ohne Sonnencreme nicht geschützt ist oder die Zähne ungeputzt nun einmal irgendwann leiden.

Den Moment auszuhalten, in dem ein Kind eine von uns gesetzte Regel absolut blöd findet, ist unangenehm. Es hilft, in solchen Momenten bewusst zurückzutreten und sich selbst zu vergegenwärtigen: »Ja, meinem Kind gefällt die von mir gesetzte Regel nicht. Das ist in Ordnung, denn ich stehe hinter meiner Entscheidung.« Wir können durchaus dem Kind signalisieren, dass wir es verstehen. »Karl, ich verstehe, dass dir das nicht gefällt, weil du gerne barfuß läufst. Aber ich möchte trotzdem, dass du dir bei dem kalten Wetter etwas an die Füße ziehst. Du hast also die Wahl: Magst du lieber die gestreiften Schuhe oder die mit den Sternen drauf anziehen?«

Kinder versuchen ab einem bestimmten Punkt herauszufinden, was sie alles selbst bestimmen dürfen. Das ist wichtig und dennoch manchmal für uns Eltern anstrengend. Denn sie testen damit auch. »Was lassen Mama und Papa durchgehen? Bis wohin habe ich das Sagen?« Natürlich tun sie das überhaupt nicht in böser Absicht. Sie wissen es einfach noch nicht, und die einzige Möglichkeit es herauszufinden, ist es zu testen.

Der zweijährige Timon sitzt im Einkaufswagen und wird von der Mama durch den Supermarkt geschoben, während Papa alle Einkäufe zusammensammelt und zum Wagen bringt. Timon wird wütend und ruft: »PAPA soll mich schieben! Nicht Mama!«

Der eineinhalbjährige Nico sitzt im Garten auf der Picknickdecke, der Opa kommt dazu und setzt sich daneben, um gemeinsam ein Buch anzuschauen. Nico sieht den Opa gezielt an, zeigt mit dem Finger auf einen anderen Platz auf der Decke und sagt: »Opa da!« Er möchte entscheiden, wo der Opa sitzen soll.

Die zweijährige Dina macht ein Puzzle. Ihre Mutter sitzt mit am Tisch und macht auch eines der Puzzles ihrer Tochter. Dina schiebt ihr Puzzle weg und zieht das Puzzle, an dem die Mama gerade noch sitzt, zu sich. »Meins«, sagt sie und macht mit diesem Puzzle weiter. Die Mutter tauscht also die Puzzle und macht mit dem anderen Puzzle weiter. Dina sieht das, ruft: »Ich!«, und greift wieder zum ersten Puzzle.

Papa sitzt mit dem eineinhalbjährigen Sohn Emil im Wohnzimmer. Als Papa die Kaffeetasse in der Hand hält, kommt Emil, stellt sich vor ihn und schiebt die Hand, mit der Kaffeetasse darin, mit einem sehr deutlichen »Nee!« zur Seite. Er hält seinem Papa seinen eigenen Wasserbecher hin und sagt »Da, Papa.«

Der dreijährige Nino ist mit seiner Mutter bei der Eisdiele. Beide halten ihr Eis in der Hand. Nino schaut seine Mutter an. »Mama, nicht dein Eis so essen. Du musst das beißen. So geht das nicht!«

Samira malt. Daneben sitzt ihre Tante und malt ebenfalls ein Bild. »Welche Farbe soll ich denn jetzt nehmen?«, erkundigt sich die Tante. »Darf ich mit Grün weitermalen?« Samira schüttelt den Kopf und reicht ihrer Tante den blauen Stift. »Oh danke, damit darf ich malen?«, lächelt ihre Tante.

Der zweieinhalbjährige Paulus steht am Gartenzaun. Er hält einen Wasserball in der Hand. Er schaut zu seinem Papa und wirft den Ball bewusst über den Zaun aus dem Garten hinaus. Dann sagt Paulus sehr bestimmt: »Papa, hol den Ball!«

Nun mag man sagen: »Das kann mein Kind gerne alles entscheiden. Es ist doch noch klein, das wird es schon früh genug lernen.« oder »Egal, dann setze ich mich halt woanders hin.« oder »Ja, dann schiebe ich (als Papa) halt den Wagen.«.

Hier sollte man im Hinterkopf behalten, dass das Kind das Folgende abspeichern wird: »Okay, verstanden. ICH darf das entscheiden.« Mit ziemlicher Sicherheit wird es dann auch die nächsten und allen folgenden Male erwarten, hier der- bzw. diejenige zu sein, der/die die Entscheidung erneut trifft.

Sollte es dann aber so sein, dass Mama beim Kaffeetrinken gerne auf ihrem Stuhl sitzen bleiben oder selbst entscheiden möchte, mit welchem Stift sie malt, oder dass Papa doch gerne seine eigenen Sachen beim Einkauf zusammenstellen möchte, obwohl das Kind etwas »dagegen hat«, dann ist die Chance auf Stress leider enorm hoch. Das Kind denkt sich (jetzt einmal ein wenig überspitzt formuliert): »Hee, letztes Mal war doch klar, dass ich das entscheiden darf! Was ist denn jetzt plötzlich los?« Die Irritation des Kindes ist somit verständlich.

Und natürlich gibt es Phasen, in denen Kinder mehr das eine oder andere Verhalten an den Tag legen. Phasen, in denen sie besonders vehement herausfinden möchten, wie groß ihr Entscheidungsrahmen ist. Damit aus dieser Phase, in der der kleine Boris alleine entscheiden möchte, was alle anderen zu spielen haben, aber kein Verhaltensmuster wird, dürfen wir ihn dabei unterstützen, hier zu lernen, was die Grenzen der anderen sind. Genauso wie wir ein Kind, das in der oralen Phase alle

Steine in den Mund stecken möchte, dabei unterstützen, zu unterscheiden, was in den Mund gehört und was eben eine Gefahr darstellt.

Möchte mein Kind demnach in einer Situation etwas alleine entscheiden, wäre es gut, als Elternteil zu überlegen: »Ist diese Sache eine, über die mein Kind dauerhaft bzw. grundsätzlich entscheiden darf? Oder möchte ich diese Entscheidung doch lieber weiterhin selber treffen? Wo ist hier meine persönliche Grenze, die ich meinem Kind vermitteln möchte?« Hier schwingt ebenfalls der Gedanke mit, dass das Kind lernen darf, dass es nicht über andere bestimmen kann. Lernt es dies auf liebevolle Art von seinen Eltern, wird ihm das einige weitere Konflikte »außer Haus« ersparen, denn es wird diese Tatsache auch bei Freunden und Verwandten eher akzeptieren können.

Kinder verstehen, dass es Dinge gibt, die sie selbst entscheiden dürfen, und andererseits Dinge, die die Erwachsenen entscheiden. Sofern diese Regeln fest sind und nicht ständig wechseln.

»Ich bin wütend!« – Wie wir auf aggressives Verhalten unserer Kinder reagieren können

Hauen, schlagen, beißen – niemand möchte, dass das eigene Kind mit anderen so umgeht. Hier sind klare Regeln vonnöten, allerdings ohne den empathischen Blick auf das Kind zu verlieren. Interessanterweise zeigen viele Kleinkinder eher »aggressives« Verhalten, wenn sie gerade in einem wichtigen Entwicklungsschub stecken. Sie durchlaufen mitunter so viele neue Entwicklungsprozesse, dass sie manchmal einfach überfordert sind. Diese Überforderung kann zu Frustration führen. Körperliche Übergriffe sind ein möglicher Ausdruck davon. Auch hier ist Verständnis wichtig – gleichwohl ist ebenso angemessene Konsequenz gefragt.

Der eineinhalbjährige Mario spielt im Wohnzimmer. Als Nachbarskinder zu Besuch kommen, beginnt er schon bald, diese zu schubsen.

In einem solchen Moment lohnt sich die Frage: »Wieso schubst/schlägt/tritt mein Kind gerade jetzt? Wo hat dieses Verhalten seinen Grund?« Oftmals ist der Grund nicht gleich ersichtlich, aggressives Verhalten jedoch ist immer eine Reaktion auf ein anderes, dahinter stehendes Gefühl. Das kann Überforderung sein, Frust, Sorge, Angst. Das Kind weiß in einem solchen Moment keinen anderen Weg, seinen Gefühlen Luft zu machen. Es braucht uns als Erwachsene als Übersetzer, deren Aufgabe darin besteht, herauszufinden, was gerade los ist. Denn mit seinem aggressiven Verhalten, sagt das Kind eigentlich: »Mir geht es gerade nicht gut.« Sich dessen bewusst zu sein, hilft dabei, gelassen(er) zu bleiben und nach Möglichkeit Verständnis und Mitgefühl zu zeigen.

Was könnte man also konkret tun? Ich gehe zu Mario, setze ihn sanft, aber unmissverständlich zur Seite und sage ruhig, aber bestimmt: »Ich lasse dich die anderen Kinder nicht schlagen. Schau mal! Das tut Kalle weh! Der weint jetzt.«

Vielleicht ist es einfach gerade zu viel für Mario, mit den ganzen anderen Kindern. Vielleicht lässt sich die Situation für ihn entspannen, indem ich ihn etwa frage, ob er auf meinem Arm in der Küche ein paar Snacks vorbereiten möchte. Dort hätten wir einen Moment der Ruhe für uns. Im Wohnzimmer könnte er dann erst einmal bei mir auf dem Schoß bleiben und ein Buch anschauen. Auch das kann die Situation bereits deutlich entspannen und dazu führen, dass nicht mehr geschubst und geschlagen werden muss.

Grundsätzlich gilt: Selbstverständlich ist es an uns, dem Kind – nachdem sich der emotionale Sturm ein wenig gelegt hat – zu verdeutlichen, dass jegliche Form von Gewalt anderen Gegenüber nicht in Ordnung ist und dass damit eine Grenze überschritten wird, die nicht akzeptabel ist. Im Idealfall zeigen wir Handlungsalternativen auf. Diese wird das Kind in ähnlichen Situationen dann sicherlich erst einmal einüben müssen, bis es sie umsetzen kann. Umso wichtiger ist es, dass wir hier als Vorbild fungieren, das heißt, dem Kind zu zeigen: Man kann Konflikte ohne Gewalt, ohne Vorwürfe und Strafen lösen.

Erlebt das Kind in seinen Eltern hingegen Personen, die sich ihr Recht einholen, indem sie laut werden, indem sie ihrem Kind Dinge aus der Hand nehmen und ihre Machtposition durch Drohungen, Strafen und Gewalt ausnutzen, lernt das Kind: »Wer stark ist und den anderen unterdrückt, hat am Ende Recht.« Dieses Verhalten wird auf Dauer auf das Kind »abfärben«. Was, wenn nun das ultimative Stressszenario eintritt? Meist spricht man hier von der sogenannten »Trotzphase«, die meist rund um den zweiten/dritten Geburtstag ihren Höhepunkt hat. Am besten in Kombination mit dem berühmten Wutanfall! An dem haben Eltern und Kinder am meisten in aller Öffentlichkeit Spaß.

Vorweg sei gesagt: Der Begriff »Trotzphase« impliziert fälschlicherweise, Kinder seien ohne ersichtlichen Grund trotzig und schlecht gelaunt. In diesem Alter lernen Kinder jedoch etwas sehr Wichtiges: Sie lernen, dass sie noch nicht die ultimative Entscheidungsgewalt in ihrem Leben haben. Sie werden selbstständiger, unabhängiger und entwickeln ihre eigene Meinung. Für viele Kinder ist das ein wirklich herausfordernder und nicht selten durchaus verwirrender Zustand.

Babys nehmen sich zuerst quasi als eine Person mit der Mutter war, die Abnabelung (zuerst körperlich, danach psychisch) erfolgt Schritt für Schritt. Irgendwann kommt der Punkt, an dem sie merken, dass ihre eigenen Wünsche nicht immer mit denen der Mutter bzw. anderen Personen übereinstimmen. Das ist ein großer, wichtiger und bis zu einem gewissen Grad schmerzhafter Lernprozess. Er ist so wichtig, denn wir wünschen uns ja für unsere Kinder, dass sie einen eigenen Willen entwickeln und sich bewusst für und auch gegen Dinge entscheiden können.

Dazu kommt: Kinder kommen – etwa ab dem zweiten Lebensjahr – nicht selten in Situationen, die sie noch nicht überblicken können, obwohl sie ja schon Vieles können und sicherlich noch mehr können möchten. Sie sind dann in der Autonomiephase. Wenn sie sich zu etwas entschließen, denken sie nicht an »alternative Möglichkeiten«. Es gibt nur diesen einen Plan, den sie sich in den Kopf gesetzt haben. Und der muss jetzt klappen. Wenn der dann nicht so funktioniert, etwa weil ihnen jemand Grenzen aufzeigt oder weil der Plan vielleicht doch zu gefährlich ist, dann bricht für sie in diesem Moment eine kleine Welt zusammen. Und das ist doppelt problematisch, denn: Sie sind noch nicht hinreichend in der Lage, ihre Wut zu verbalisieren. Um die aber rauszulassen, bietet sich Schreien und Weinen an. Und raus müssen sie. Wir sollten unsere Kinder niemals dazu zwingen oder auch nur dazu animieren, Gefühle zu unterdrücken. Sonst bleiben sie drin und stauen sich im schlimmsten Fall an, um dann irgendwann in einem noch geballteren Wutanfall zu enden. Oder aber – was ebenso schädlich ist – sie stauen sich an und werden von den Kindern dauerhaft in sie hineingefressen, was große emotionale Schäden mit sich bringen kann.

Leo hat sich vorgenommen, im Supermarkt auf die Gemüseablage zu klettern. Er hat dort die kleinen Cocktailtomaten gesehen und sein ganzer Fokus ist nun darauf gerichtet, dieses Regal zu beklettern. Und dann klappt es nicht! Und Mama oder Papa finden den Plan auch noch ziemlich blöd. Leo wirft sich auf den Boden, schreit und trommelt mit den Fäusten.

Nicht jedes Kind durchläuft diese starken Wut-Phasen. Dennoch lassen sie sich bei vielen Kindern in ähnlicher Weise beobachten.

Ein Satz, der oft hilft, hier Mitgefühl zu zeigen, lautet: Nicht nur ICH als Elternteil habe es gerade schwer, sondern auch – und insbesondere – mein Kind.

Leo macht das gerade nicht gegen mich. Er ist vielmehr mit sich selbst im Konflikt. Was würde mir helfen, wenn ich so richtig wütend wäre, weil ich z. B. nicht verstünde, warum mir etwas nicht gelingt, warum ich etwas nicht haben kann oder weil ich vielleicht gerade vollkommen überfordert bin? Würde es mir helfen, wenn man mich dann anschreien würde? Wenn man mich zurechtweisen würde? Mir auch noch einen Vorwurf daraus machen würde, dass ich gerade mit mir selbst schlichtweg überfordert bin? Mit Sicherheit nicht. Das Gleiche gilt für Kinder.

Auf Erwachsene mag das misslungene Gemüseablage-beklettern nach einem lapidaren Grund für einen Wutanfall aussehen. Für ein Kind in diesem Alter kann das eine sehr markerschütternde Erfahrung sein, denn der von ihm gesetzte Plan ist gerade gescheitert. Möchte man dann einen Wutanfall richtig einordnen, sollte man auch hier bedenken, dass dieser immer nur die Spitze des Eisberges darstellt: Hinter jedem Wutanfall verbergen sich verschiedene »Auslöser«: Frust, Sorge, Angst, Unsicherheit …, die es wert sind, wahrgenommen zu werden.

Bei uns Erwachsenen ist das nicht anders: Wenn mein ganzer Tag stressig war, ich fast einen Auffahrunfall hatte und mir dann beim Hereintragen der Einkäufe auch noch eine Glasflasche mit klebriger Limo auf den Küchenboden knallt, ist das schon einmal eine gute Basis für – nun, vielleicht gerade noch keinen Wutanfall – aber sicher für einen deftigen Fluch.

Stellen wir uns noch einmal kurz die Situation im Supermarkt vor: Das Kind liegt auf dem Boden, brüllt und trommelt wütend mit den Fäusten. In diesem Moment sind Kinder im Modus »Angriff oder Flucht«. Logisches Reflektieren geht da gerade nicht. Nach Lösungen suchen und die Situation besprechen, geht ziemlich sicher auch erst, wenn alles wieder ruhig und auf »Normalniveau« zurückgefahren ist. Erklärungen machen also in so einem Wut-Moment überhaupt keinen Sinn.

Also zurück zu der Frage: Was würde MIR helfen, wenn ICH in den Schuhen meines Kindes stecken würde? Mir würde es (zum Beispiel in der Situation mit der Glasflasche auf dem Küchenboden) helfen, wenn jemand für mich da wäre, der mir keine Vorwürfe macht. Und vor allem: Jemand, der ruhig bliebe. (Gemeint ist damit tatsächlich nur ein »Ruhig-bleiben«. Nicht gemeint sind Sätze wie: »Jetzt komm doch mal runter! Jetzt beruhig dich mal!« Wer einmal in einem Moment der Wut einen solchen Satz gehört hat, weiß, dass das eher noch Öl ins Feuer gießt, jedoch keinesfalls hilft, sich zu beruhigen.) Würde mich jetzt noch jemand zurechtweisen, würde mir entweder eine weitere »Sicherung durchbrennen« oder ich würde in mich zusammenfallen und innerlich zumachen. Geholfen wäre mir damit nicht.

Keine Frage, es ist schwer und kann unglaublich anstrengend sein, einen Wutanfall mit durchzustehen. Und es mag einem zudem auch enorm unangenehm vor anderen sein. Aber:

> Ein Wutanfall ist kein wirklich akuter Notfall. Er wird vorbeigehen, das ist sicher. Und danach wird man klären können, was los war.

Werden wir ebenfalls laut, steigert das nur noch das Verhalten des Kindes oder aber bringt es in eine »Schreckstarre«. Was also tun? Ruhig bleiben. Da sein (so schwer das manchmal sein mag), durchatmen, anbieten, das Kind in den Arm zu nehmen (einigen Kindern hilft das sehr, andere wiederum brauchen in ihrer Wut eher den körperlichen Abstand – beides ist okay). Wir können uns mit etwas Abstand neben das wütende Kind auf den Boden setzen und deutlich machen, dass wir da sind und das Kind nicht allein lassen in seiner Wut.

Beispielsweise im Supermarkt kann es auch helfen, die Situation kurz zu verlassen – notfalls auch mit schreiendem Kind auf dem Arm – und sich gemeinsam ins Auto zu setzen. Mag sein, dass der Wutanfall noch eine Zeit lang weitergeht. Man selbst hat dann aber etwas weniger Stress, weil es weniger ungebetene Zuschauer/innen gibt (die mit ihren »guten Ratschlägen« gerade noch gefehlt haben).

Egal ob ausgewachsener Wutanfall oder mittelgroße Quengelei: Das Schlüsselwort heißt immer »Verständnis!«. Wichtig ist, das Kind in seinem Gefühl nicht allein zu lassen. Es soll wissen, dass wir als Eltern sehen, dass es ihm gerade nicht gut geht, dass es sich schwertut mit der Situation und dass wir an seiner Seite bleiben. Im Grundsatz kann ich immer davon ausgehen, dass mein Kind Dinge nicht aus böser Absicht tut, sondern dass in aller Regel etwas dahintersteckt, was dem Kind logisch oder in dem Moment wichtig erscheint. Es kann sein, dass sich das Kind nicht gesehen fühlt, dass es überfordert ist oder unsicher.

Habe ich beispielsweise ein Kind, das im Kindergartentag heute immer zu kurz gekommen ist, eigentlich gerade wirklich Nähe und Zuneigung bräuchte, kann es sein, dass sich dieses Verlangen nach diesem wichtigen Grundbedürfnis so aufstaut, dass es sich irgendwann in aggressivem Verhalten, Hauen und Schubsen äußert. Wenn ich auf dieses Kind jetzt reagiere, indem ich es zur Strafe wegschicke, habe ich es in seinem Frust verstärkt. Eine Alternative wäre auch hier erst einmal Nähe anzubieten. Das heißt nicht, dass man aggressives Verhalten deshalb zulässt. Das Hauen und Schubsen möglichst umgehend zu unterbinden, geht natürlich vor, doch der eigentliche Schritt sollte darauf abzielen, zu sehen, wo der Eisberg schwimmt, der das Verhalten ausgelöst hat. Und auch wenn man nicht immer erkennt, was sich hinter einem Verhalten »versteckt«, können wir unserem Kind unser Bemühen signalisieren und es wissen lassen, dass wir herausfinden möchten, wie wir ihm helfen können.

Sabrina ist zwei Jahre alt und gerade sehr müde. Ihr Vater möchte sie wie jeden Abend ins Bett bringen. Normalerweise läuft das Ganze recht entspannt ab. Doch heute möchte Sabrina sich nicht ins Bett legen lassen. Jedes Mal beginnt sie wild zu treten und weint bitterlich. Nur auf dem Arm lässt sie sich beruhigen. Doch nach langem Herumtragen werden die Arme des Vaters müde. Er startet einen weiteren Versuch, seine Tochter ins Bett zu legen. Doch erneut: keine Chance. Sabrina schreit, tritt und bittere Tränen rollen ihr über die Wangen.

Sabrinas Vater entscheidet sich dafür, seiner Tochter zu erklären, was gerade passiert. »Meine Süße, ich verstehe, dass du gerade getragen werden möchtest. Aber schau mal, du bist schon ganz schön groß und ich kann dich nicht ewig tragen, weil mir dann die Arme wehtun. Wir können uns in dein Bett oder auf den Teppich setzen und ich nehme dich dort in den Arm und schaukle dich.« Doch kaum sitzt er mit Sabrina auf dem Boden, beginnt das Weinen erneut. Sabrina tritt wild um sich. »Wenn du so wild trittst, tut mir das weh. Dann setze ich dich neben mich auf den Teppich«, sagt der Vater ruhig. »Wenn du auf meinem Schoß bleiben möchtest, hör bitte auf zu treten!«

Sabrina liegt auf dem Schoß ihres Vaters und weint und schreit weiterhin, lässt sich jedoch halten. »Was hast du denn bloß, mein Schatz? Tut dir vielleicht etwas weh?«, überlegt der Vater. »Nein«, schluchzt seine Tochter. »Ich kann dir ein Lied singen oder dir eine Geschichte erzählen«, schlägt der Vater vor. Er wiegt seine weinende Tochter im Arm und singt ihr Lieblingslied immer und immer wieder. »Alles ist gut. Ich bin ja hier«, flüstert er und schaukelt Sabrina geduldig hin und her, bis sie einschläft.

Insbesondere wenn wir als Eltern trotz unserer Bemühungen einmal überhaupt nicht verstehen, was gerade »los ist«, bedarf es manchmal sehr bewusster Anstrengung, mit Verständnis und Ruhe zu reagieren. Natürlich kommen wir als Eltern in solchen Momente hin und wieder an unsere Grenzen. Manchmal hilft es dabei, sich für einen Moment in Erinnerung zu rufen, dass, wenn das Kind ganz plötzlich – aus welchem Grund auch immer – nicht mehr bei uns wäre, wir garantiert auch das Quengeln, die unruhigen Nächte und alles, was uns sonst im Alltag mit unserem Kind Kraft und Nerven kostet, liebend gerne und ohne zu zögern in Kauf nehmen würden, nur um unser Kind wieder bei uns zu haben. Da sind wir uns sicher alle einig.

Natürlich heißt das nicht, dass wir ab sofort jede nervenaufreibende Situation freudestrahlend durchlaufen werden, doch es kann diese Momente manchmal in das richtige Verhältnis zu dem setzen, was eigentlich und im Grunde wichtig ist: Wir haben das Tollste, was es gibt – ein Kind. Unser Kind.

Ich erlebe in der Praxis viele Paare, die alles dafür geben würden, um ebenfalls dieses Glück erleben zu dürfen. Es ist somit nicht übertrieben, zu sagen: Wir sollten das Leben mit unserem Kind an jedem Tag zu schätzen wissen – egal, wie anstrengend es mitunter auch sein mag.

Und sollte doch einmal die eigene »Hutschnur platzen«, gibt es ja immer noch die Möglichkeit, dies zu verbalisieren und ein entschuldigendes »Puh, da hab ich aber echt blöde reagiert. Tut mir leid. Ich wollte dich gar nicht so anschreien. Eigentlich wollte ich nur ...« anzuhängen. Das ist besonders deshalb wichtig, weil es viele Kinder gibt, denen nicht bewusst ist, dass auch Mama und Papa, ebenso wie alle anderen Menschen auf der Welt, Fehler machen. Fehler gehören zum Leben dazu und sind kein Grund für einen Vorwurf.

Ich möchte dieses Kapitel gerne mit einem Gedicht[1] von Jutta Richter beenden:

Heute bin ich wild und böse

Heute bin ich wild und böse,
Bin ein Wolf im grauen Fell,
Bin ein Drache, bin ein Löwe,
Und ich beiße und ich bell!
Ich zertrete zwanzig Schnecken
Und ich mache ganz viel Krach
Schneide Löcher in die Decken,
Mache meine Schwester wach!

Heute bin ich wild und böse
Und ich gehe nicht ins Bett,
Knalle Türen mit Getöse
Bin ganz kratzig, bin nicht nett.

---
[1] Aus »Am Himmel hängt ein Lachen«
© 2009 Boje Verlag in der Bastei Lübbe AG

Ich geb heute keine Küsse
Und ich schmuse nicht herum.
Ich bin stark, ich knacke Nüsse
Und ich finde Schmusen dumm

Aber endlich kommt der Abend
Und das Bösesein ist schwer.
Und ich stehe in der Küche
Und ich bin kein Löwe mehr.
Nimm mich bitte in die Arme!
Gib mir einen lieben Kuss!
Ich bin froh, dass ich jetzt endlich
Keinen Wolf mehr spielen muss.

Ich würde dieses Gedicht gerne um ein paar selbstgeschriebene Zeilen ergänzen:
Mehr als alles andere brauch ich
jemanden, der mich dann liebt
und an solchen lauten Tagen
trotzdem seine Hand mir gibt.
Denn oft weiß ich gar nicht wirklich,
was grad los ist dann mit mir,
deshalb bleib trotz meiner Laune
bitte immer hier bei mir!
Wenn ich laut bin, bleib du leise!
Zeig mir, dass es anders geht
und dass hinter jedem Wolfskind
jederzeit die Mama steht. (alternativ: »der Papa steht«)

»Du Blödmann!« – Wie ein gelungener Umgang mit Schimpfwörtern aussieht

Es verwundert nicht, dass Kinder »Schimpf- und Kraftausdrücke« in der Regel von uns Erwachsenen abschauen, um dann in Kindergarten und Schule weitere dazuzulernen. Kurz gesagt: Gesprochenes aus dem Mund der Erwachsenen landet zuerst erst in den Ohren und dann – postwendend – auch in den Mündern unserer Kinder. Häufig, ohne, dass die Kinder um die Bedeutung eines solchen Wortes wirklich wissen. Oft ist es mehr die Reaktion der Erwachsenen, die bei Kindern dazu führt, diese Wörter noch einmal »auszutesten«.

Seien wir ehrlich: Heftige Flüche sind sicher nicht die optimale Lösung, aber manchmal müssen auch wir Eltern einfach Luft ablassen. Das gilt auch für Kinder! Nur wenig hilfreich ist es daher, sie in Wutsituationen (mit verbalen Ausfällen) ständig nur zu ermahnen, »solche Wörter« nicht zu verwenden. Das hilft genauso wenig wie ein »Das sagen wir hier nicht!«. Es ist nämlich eh zu spät. Es wurde ja bereits gesagt. Und irgendwie muss der Druck raus.

> Gerade bei kleineren Kindern helfen oft Schimpfwort-Alternativen, mit denen man entspannt umgehen kann.

»Dusseliger Pavianpopo!« klingt gleich gar nicht mehr so hart. Und eine »Verdammte Nudelkröte!« würde man sicher als Schimpfwort durchgehen lassen. Das gemeinsame Überlegen von Alternativschimpfwörtern, kann tatsächlich Spaß machen.

> Wut braucht ein Ventil. Sie sollte sich nicht anstauen.

Man kann mit den Kindern auch üben, die Wut »aus sich rauszurennen«, vielleicht ein Kissen zu werfen oder sich in anderer (sozial- und mobiliarverträglichen) harmlosen Weise eben Luft zu verschaffen.

Manchmal hilft es in solchen Situationen schon, wenn jemand da ist, der/die einfach erst einmal sagt: »Du, ich verstehe, dass dich das ärgert. Du wolltest gerne noch raus zu Tobi, aber jetzt ist es schon dunkel.« Oder: »Melina, ich verstehe, dass das jetzt blöd ist. Du wolltest dich mit Liana verabreden und jetzt hattet ihr Streit in der Schule.«

Wir Eltern haben manchmal – gerade in derartigen Situationen – den Drang, gleich eine Lösung aus dem Hut zu zaubern. Allerdings: Einen größeren Lerneffekt hat es auf Dauer, wenn die Kinder die Möglichkeit bekommen, selbst Lösungsvorschläge und Ideen einzubringen. Anstatt also zu sagen: »Melina, du könntest doch stattdessen Sandra anrufen. Oder du gehst zu den Pferden oder …« »Oder, oder, oder …« würde eine simple Frage wie »Hast du eine Idee, was du jetzt stattdessen machen könntest?« hier dazu führen, dass Melina nach und nach lernt, selbst nach Lösungen zu suchen.

Schritt für Schritt kommt sie so vom ursprünglichen Frust (etwa, wenn etwas partout nicht klappen will) hin zu neuen Möglichkeiten, alternative Lösungen für sich zu finden – und wird diese am Ende womöglich auch noch attraktiv finden. Diese zunehmende Handlungskompetenz ist einmal mehr ein großer Gewinn für das spätere Leben. Natürlich bedeutet das nicht, dass man nicht auch Vorschläge machen könnte. Zumindest aber sollte die Möglichkeit bestehen, selbst zu überlegen. Helfen kann man dann ggf. immer noch.

»Sei brav!« – Müssen Kinder sich »gut benehmen«?

Insbesondere im Zusammenhang mit dem Aufzeigen von Grenzen ist Respekt für viele von großer Bedeutung. »Kinder müssen Respekt vor ihren Eltern haben« – diesen Satz hört man auch in heutigen Zeiten noch viel zu häufig. Respekt kann man jedoch nicht einfordern! Das gilt grundsätzlich und somit auch für die Beziehung zwischen Eltern und Kindern. Respekt kann man nicht einfordern. Respekt muss man sich verdienen. Auch als Erwachsener habe ich nicht Respekt vor jemandem, der mir befiehlt, ihn zu respektieren. Das ist kein Respekt, es ist Angst und eine Form von Unterdrückung. Die Entscheidung, jemandem Respekt entgegenzubringen, obliegt mir ganz allein – gleiches gilt für Kinder.

Ich respektiere einen Menschen, der sich mir gegenüber ebenfalls respektvoll und fair verhält. Jemand, der sich mir gegenüber nicht respektvoll verhält, darf nicht erwarten, im Gegenzug von mir mit Respekt belohnt zu werden.

 Ein Kind, dessen Eltern oft schimpfen, schreien, kaum Verständnis zeigen und die Grenzen ihres Kindes missachten und das aus Sorge vor einer Strafe dann buckelt, hat nicht Respekt – es hat Angst.

Angst aber wird sich wohl niemand für ein Kind wünschen. Was also tun?

 Ich verhalte mich so, dass mein Kind in mir eine Respektsperson sehen kann.

Mein Kind muss wissen, dass ich immer für es da bin. Dass ich es unterstütze, ihm aber auch Grenzen aufzeige. Dass ich dafür Sorge trage, dass es sicher ist. Dass ich es ernst nehme in seinen Ängsten und Wünschen. Und vor allem eines: Dass ich es liebe – ohne jede Einschränkung und unabhängig von jeglicher Leistung. Dass ich es einfach nur dafür liebe, dass es mein Kind ist. Vor solchen Eltern hat ziemlich sicher jedes Kind Respekt.

Bedeutet auch, dass Sätze wie »Mein Sohn braucht mehrfach am Tag einfach Ansagen, sonst hört der nicht« nicht Teil des Alltags mit Kind sein sollten. Als Vergleich kann es hilfreich sein, sich zu fragen: »Würde ich so eine Aussage über meinen Partner oder meine Partnerin treffen? ›Mein Mann braucht mehrfach am Tag einfach eine Ansage, sonst hört er nicht.‹« Würde das dann immer noch nach einem akzeptablen Satz klingen?

Eng verknüpft mit dem Thema Respekt ist häufig auch der Wunsch, Kinder würden ein »gutes Benehmen« an den Tag legen. Sie sollen höflich, hilfsbereit und eben »wohlerzogen« sein. Wie lernen Kinder also so etwas? Es ist ganz einfach: durch Vorbilder.

> Und als Hauptbezugspersonen und wichtigste Personen im Leben unserer Kinder sind wir diese ersten und wichtigsten Vorbilder.

Kinder machen das, was wir ihnen vormachen, nicht das, was wir ihnen sagen, was sie tun sollen. Wir sind diejenigen, an denen sie sich zunächst fast ausschließlich orientieren. Und damit sind wir auch diejenigen, die sie nachahmen und von denen sie ihr Verhalten lernen werden.

Was machen denn schon kleine Babys, wenn man ihnen die Zunge herausstreckt? Sie strecken auch die Zunge heraus. Auch wenn es in den Jahren darauf nicht immer so offensichtlich ist wie beim Grimassenschneiden, so bleibt es doch genau so simpel: Wir machen es vor – unsere Kinder machen es nach.

Wir helfen anderen, sie helfen anderen. Wir sind höflich, sie sind höflich. In den ersten Jahren kann ich ein »Bitte« und »Danke« natürlich noch ein wenig extra betonen, aber die Basis bildet trotzdem unsere Vorbildrolle. Je häufiger das Kind bewusst mitbekommt, dass und weshalb ich selber mich bedanke, desto logischer und selbstverständlicher wird dieses Verhalten auch für das Kind. Wenn Mama sagt: »Ich rufe gleich mal Christoph an, der hat mir so viel geholfen, als ich den Schuppen aufgebaut habe. Das war nett von ihm. Dafür möchte ich mich bei ihm bedanken«, dann erhalte ich, wenn es gut läuft, einen doppelten Gewinn: Das Kind lernt das »Danke sagen« und wir bedanken uns im Alltag noch bewusster für Hilfe, weil wir es jetzt wieder mehr im Bewusstsein haben, als Vorbild zu fungieren: Eine Win-win-Situation. Eigentlich ist es sogar ein dreifacher Gewinn, denn Christoph wird sich sicherlich auch über den Dank freuen.

Wenn mein Kind mitbekommt, dass ich mich bedanke, dass ich Dinge zu schätzen weiß, dass ich »bitte« sage, wenn ich etwas möchte, wird es mir dies mit großer Wahrscheinlichkeit nachtun. Das gilt für alle Dinge.

Andersherum: Wenn mein Kind mich regelmäßig herumschreien hört, stehen die Chancen gut, dass es irgendwann auch laut wird. Wenn ich oft genervt und laut reagiere, dann wird sich dies mit großer Wahrscheinlichkeit irgendwann in meinen Kindern widerspiegeln.

Gleiches gilt für alle Tätigkeiten und Verhaltensweisen. Wenn ich möchte, dass mein Kind gesundes Essen isst, ist der erste Weg, ihm zu zeigen, dass auch ich gesundes Essen lecker finde. Wenn die Mama und der Papa ständig Dinge sagen wie »So, es gibt Nudeln. Aber iss du bitte auch den Brokkoli! Ich weiß, der ist ekelig und grün, aber der ist so gesund!« – na, wer hat denn dann unbändige Lust auf das »eklige grüne« Zeug? Wenn das Kind sieht, dass die Eltern eigentlich nur das fettige ungesunde Essen lecker finden, wird es ihr Verhalten vermutlich irgendwann kopieren. Wenn das Kind sieht, dass Mama und Papa als Snacks auch zum Apfel greifen, dann wird das für das Kind ebenso selbstverständlicher. Nein, das ist noch keine Garantie für ein Kind, das Obst und Gemüse über alles liebt, aber es bildet trotzdem die Basis für den Zugang zu einer bunten gesunden Ernährung.

Wenn Mama und Papa Bücher lesen und das Kind mitbekommt, dass sie sich positiv über solche Dinge wie Lesen, Basteln und alles, was das Kind im Idealfall auch irgendwann tut, äußern und das Kind im Idealfall die Eltern noch bei diesen Tätigkeiten erlebt, dann stehen die Chancen gut, dass dadurch das Interesse des Kindes dafür eher und tiefer geweckt wird.

Wenn sich dann doch ein kleines Kind einmal »daneben« benommen und sich irgendwann wieder etwas beruhigt hat, kommt manchmal die Frage »So, bist du jetzt wieder lieb?« – nehmen wir das einmal wörtlich. War es denn gerade ein »böses« Kind? Böse Kinder gibt es nicht. Kinder haben nichts Böses im Sinn. Wenn sie sich nicht so verhalten, wie wir es gerne von ihnen hätten, dann sind sie deshalb nicht »weniger lieb«. Alles andere – meist dann spätere – Verhalten geht, wie bereits beschrieben, auf das zurück, was ihnen vorgelebt wurde und wird.

Natürlich gibt es von den Erwachsenen unerwünschtes Verhalten, aber es ist ein sehr entscheidender Unterschied, ob ich sage »Du bist so nervig!« oder »Dein Gehampel nervt mich gerade!«. Beim ersten Satz kritisiere ich mein Kind als Person. Beim Zweiten kritisiere ich (lediglich) sein Verhalten. Das mag wie ein unbedeutender Unterschied erscheinen, ist aber, wenn man ihn dauerhaft unbeachtet lässt, für das Selbstwertgefühl am Ende ein großer.

 Der Papa ist ins Gespräch mit dem Opa vertieft. Die vierjährige Malou steht plötzlich da und zieht an Papas Ärmel: »Papaaa! Papa! Papa, guck mal!«

Ein »Psst! Sei still jetzt! Ich rede gerade!« hören Kinderohren ebenso ungern wie Erwachsene. Selbstverständlich habe ich als Elternteil das Recht, eine Unterhaltung zu Ende zu führen. Sicher muss ich nicht jedes Mal, wenn mein Kind etwas sagen möchte, abrupt mein Gespräch beenden und mich unverzüglich dem Kind zuwenden.

Damit ein Kind allerdings weiß, dass ich es wahrgenommen habe und ich ihm gleich zuhören werde, könnte ich etwa (vorwurfsfrei) sagen: »Malou, ich spreche gerade noch kurz mit Opa. Ich höre dir gleich zu.« Dann kann ich meine Sätze in Ruhe beenden (das sollte insbesondere bei kleineren Kindern nur wenige Minuten dauern) und mich dann mit der Frage »Was wolltest du denn gerade sagen?« meinem Kind zuwenden.

Eine Rückmeldung an das Kind »Ich habe dich wahrgenommen« könnte z. B. auch sein, es einen Moment lang anzufassen – etwa die Hand auf seinen Arm zu legen – und es so wissen zu lassen: »Papa nimmt mich wahr und hört mir gleich zu.« Der Körperkontakt macht den Kindern das Warten leichter und gibt ihnen die nötige Sicherheit wahrgenommen worden zu sein.

Noch einmal zurück zum »guten« Benehmen. Ein vermeintlich »schlechtes« Benehmen, an dem sich viele Erwachsene anstoßen, ist ein in der Nase bohrendes Kind. Hierzu ist interessant zu wissen, dass für Kinder ein erfolgreiches Nasebohren durchaus ein Moment des kleinen Glücks ist, denn, wenn es gut läuft, findet das Kind in der Nase ja einen kleinen Schatz und hat somit tatsächlich ein Erfolgserlebnis – so ekelig das für viele klingen mag. Übrigens ist es so, dass viele Kinder das Nasebohren als eine Art Beruhigungsstrategie nutzen, so wie andere vielleicht am Daumen lutschen. Dass Nasebohren manchmal scheinbar als »Provokation« gegenüber den Erwachsenen eingesetzt wird, hängt dann meist eher an den zuvor stattgefundenen Reaktionen (»Ieeh, nein, lass das!«) dieser.

Kurzum zum Thema »gutes Benehmen«: Kinder benehmen sich – nicht in aller, aber – in vielerlei Hinsicht, wie ihre Bezugspersonen es ihnen vorleben und somit beibringen. Strafende, schimpfende Eltern, die ihren Kindern Dinge aus der Hand nehmen, ohne Erklärung Verbote aussprechen, drohen und laut werden, können nicht erwarten, dass ihre Kinder ein gegenteiliges Verhalten an den Tag legen. Die Haltung von uns als Eltern ist richtungsweisend für die Haltung und somit für die Verhaltensweisen unserer Kinder. Unser Beispiel zählt.

Natürlich erhebt wohl kein Elternteil der Welt hier den Anspruch »perfekt« zu sein. Darum geht es auch nicht. Vielmehr gibt dieses Wissen einen Grund mehr, unseren Kindern keinen Vorwurf daraus zu machen, wenn sie sich nicht so verhalten, wie wir es uns wünschen würden. Gleichwohl birgt es die Chance, das eigene Verhalten zu reflektieren und vielleicht an der einen oder anderen Stelle nach alternativen Verhaltensweisen für uns selbst zu schauen.

Ergänzend sei hierzu gesagt, dass eine alleinige Aufforderung an ein Kind, sein bis dahin antrainiertes Verhalten zu ändern, in der Regel ebenso wenig von direktem dauerhaften Erfolg gekrönt sein wird, wie wenn man uns als Erwachsene bitten würde, »einfach nicht mehr so laut zu werden« oder »einfach beim Spielen ein besserer Verlierer zu sein«. Es dauert seine Zeit, gefestigte Verhaltensweisen durch neue abzulösen. Damit das gelingen kann, brauchen Kinder (ebenso wie wir) in der Regel: Zeit, verständnisvolle Begleitung und Hilfestellung, indem man ihnen aufzeigt, wie sie sich alternativ verhalten können. »Schau mal, wenn deine Schwester dich beim Spielen stört, dann sag ihr bitte, dass du gerade alleine spielen möchtest, oder gib ihr etwas Anderes zum Spielen, anstatt sie direkt anzuschreien. Du kannst ihr auch erklären, warum sie die Sache gerade nicht haben kann. Aber eben ohne gleich laut zu werden.«

»Sie ist so anstrengend!« – Was Kinderohren alles hören

Es ist nichts Ungewöhnliches, dass Eltern im Beisein ihrer Kinder negativ über diese reden. Klar, manchmal muss man im Alltag einfach Luft ablassen. Das Problem dabei: »Kinderohren hören alles!« Wenn der Papa mit einem Freund bespricht, was gerade nicht so gut läuft mit dem eigenen Kind, dann ist es – spätestens ab dem Alter von einem Jahr – am besten, dies zu tun, wenn das Kind abwesend ist. Selbst wenn die Kinder in ihr Spiel vertieft sind, bekommen sie doch viel mit von dem, was wir Erwachsenen reden. Ganz sicher würden wir selbst es unangenehm finden, wenn in unserer Anwesenheit schlecht über uns geredet würde. Viel lieber möchten wir gut dastehen. Das geht unseren Kindern genauso.

 Unangenehmes, Peinliches, … wird ein Kind nicht anders wahrnehmen als wir selbst.

An diesem Punkt besteht zudem die Gefahr, dass Kinder Aussagen, die Erwachsene über sie tätigen, zu sehr für bare Münze nehmen. Wenn mein Sohn ständig zu hören bekommt, er könne sich überhaupt nicht konzentrieren und sei »total hibbelig«, habe keine Geduld, sei unmusikalisch, würde immer schnell laut werden oder, oder, oder, dann kann das dazu führen, dass – im schlimmsten Fall – ein »Glaubenssatz« entsteht, den der Sohn nach und nach über sich selbst verinnerlicht. Wenn ich mir als Kind ständig selbst sage, dass ich mich nicht konzentrieren kann, dann werde ich mir das – so funktioniert leider die Logik unseres Gehirns – unbewusst früher oder später im Alltag bestätigen. Ein solcher negativer Glaubenssatz kann dazu führen, dass wir uns dann bestimmte Dinge irgendwann gar nicht mehr zutrauen: Durch dieses »schlechte« Bild von uns selbst vertun wir somit unter Umständen viele Chancen und Möglichkeiten. Übrigens: Umgekehrt funktioniert das genauso! Je häufiger ich Positives über mich höre, desto eher wird sich dazu ein positiver Glaubenssatz in mir einprägen, der mich ermutigen kann, mich an Neues heranzuwagen und in meine Stärken zu vertrauen.

Auch wenn das Negative übrigens vielleicht nur »im Spaß« gesagt wird: »Ach Markus, du bist auch einfach ein kleiner Schussel. Immer bist du zu spät.« »IMMER bist du zu spät.« Dieser Satz ist eine Verallgemeinerung. In ihm werden Dinge generalisiert, so als sei das immer so. In der Regel trifft das jedoch überhaupt nicht zu.

»Nie räumst du auf!« »Du bist genau wie dein Vater!« »Immer bist du trotzig!« Derartige Sätze sollte man getrost aus dem Wortschatz streichen. Denn sie sind – wie gesagt – nicht wahr. Niemand ist IMMER »trotzig«. Sicher gibt es auch niemanden, der in seinem Leben noch NIE etwas weggeräumt hat. Und niemand ist in JEDEM Aspekt genau wie der Vater.

Zum Zweiten beinhalten all diese Aussagen einen massiven Vorwurf. Gerade mit Blick auf die bereits erwähnten Glaubenssätze, sind solche Generalisierungen doppelt gefährlich, weil sie die Entwicklung eines positiven Selbstbildes erheblich stören können oder eben das unerwünschte Verhalten noch verstärken. Wenn Molly immer hört, sie sei ja auch ein Kind, das sehr anstrengend sei und immer quengeln würde, wenn Linus' Eltern stets betonen, dass er nie gesunde Sachen essen wolle, wenn Carlo ständig als empfindlicher Pingel bezeichnet wird, stehen die Chancen gut, dass sie dieses Verhalten irgendwann mehr und mehr an den Tag legen werden. Nicht mit Absicht, sondern einfach, um das Bild von sich, das die anderen ja scheinbar haben, unbewusst zu bestätigen.

Die Frage ist ja letztlich: Wie steht die Chance, dass Markus, der ständig hört, er sei ein »notorischer Zuspätkommer«, in Zukunft pünktlicher sein wird? Wohl eher schlecht. Zielführender wäre dagegen, Markus ehrlich zu loben und dann positiv hervorzuheben, sobald er tatsächlich einmal pünktlich ist. Vor allem wäre es besser, es MEHR zu betonen als die Unpünktlichkeit. Das dient dann quasi als Ansporn für die Pünktlichkeit beim nächsten Mal.

Gleiches gilt übrigens für Situationen, in denen Kleinkinder oder Babys von ihren Eltern bereits in so einem frühen Alter ständig hören, sie seien »eine kleine Zicke«, »eine Hexe«, »immer eine Nervensäge« usw. Es mag überzogen klingen, aber drehen wir den Spieß noch einmal um: Würden wir als Erwachsene so etwas ständig hören wollen? Was würde das mit uns machen?

Übrigens: Kinder, die sehr aktiv sind oder als »verhaltensauffällig« gelten, hören ihren Namen pro Tag im Schnitt bis zu 200 Mal mit einem negativen Unterton!! »Philip! Lass das los!« »Philip nein!« »Philip, so nicht!« »Philip, Finger weg!« Das ist eine erschreckend hohe Zahl, insbesondere, weil ja unser Vorname der ist, über den wir uns in unserem Leben identifizieren. Ich kenne Kinder, die – sobald man ihren Namen nennt – bereits zusammenzucken, aus Sorge »schon wieder etwas falsch« gemacht zu haben. Wie soll sich da mit dem eigenen Namen ein positives Selbstbild verknüpfen? Hilfreich ist es, den Namen des Kindes auch immer wieder bewusst in positiven Situationen zu nennen, in denen es etwas geschafft hat. »Philip, danke, dass du Ben geholfen hast beim Puzzeln!«

Kinder sind klug, wissbegierig, wundervoll, liebenswürdig, mutig und kreativ – daran dürfen und sollten wir sie als Eltern immer wieder erinnern. Auf diesem Wege können wir daran mitwirken, was unsere Kinder über sich selbst denken. Das beeinflusst wiederum in hohem Maße, was und wie unsere Kinder später werden.

»Gut gemacht!« – Tut Lob gut?

Kinder haben großartige Eigenschaften. Sie sind von sich aus voller Begeisterung für Dinge. Sie bringen eine völlig natürliche Motivation Neues auszuprobieren mit sich. Denn wir alle sind Lernwesen, von Geburt an. Wir lernen Laufen, Sprechen. Kinder zeigen beim Erlernen neuer Dinge von sich aus meist eine große Geduld und Ausdauer. Ihr Forscherdrang, ihre Neugier, Begeisterungsfähigkeit, Lernlust, Freude am Entdecken und hohe Frustrationstoleranz sind bemerkenswert.

Wenn uns konkrete Dinge auffallen, die unser Kind besonders gut kann oder geschafft hat, wenn es eine bestimmte Leistung erbringt, ein besonders schönes Bild gemalt, einen hohen Turm gebaut, sein Brötchen geteilt oder die Banane allein geschnitten hat, hören Kinder häufig ein »Du hast aber ein schönes Bild gemalt!« oder ein »Gut gemacht!« oder »Du hast aber toll die Bananen kleingeschnitten!«.

Vieles in unserer Gesellschaft und somit auch im Leben unserer Kinder ist leider auf Ergebnisse und deren Bewertung angelegt. In der Schule gibt es Noten und auch schon vorher heißt es oft: »Super, jetzt kannst du das auch schon so gut wie Lars.« Oder: »Oh, da hast du aber einen schönen Berg gebaut.« Bei solchen durchaus nett gemeinten Sätzen werden die Resultate gelobt, also das, was am Ende dabei herausgekommen ist. Dabei gerät ein wichtiger Faktor aus dem Blick. Für das Kind ist erst einmal gar nicht das Ergebnis eines Lernprozesses wichtig, sondern vielmehr all das, was es »auf dem Weg« zu diesem Ergebnis lernt. Bis die Banane tatsächlich fertig geschnitten ist, hat das Kind es geschafft, diese zu schälen, das Messer richtig zu halten, den richtigen Druck ausgeübt, die Banane sicher in der Hand fixiert, ohne dass sie wegrutscht ... – viele Lernerfolge, die quasi »unterwegs« stattfanden. Beachten wir als Eltern immer nur das Ergebnis, lassen wir diese wichtigen Lernmomente außer Acht bzw. sprechen ihnen die Wichtigkeit ab. Wir lehren dann unser Kind, den Fokus einzig auf das zu legen, was am Ende geschafft wurde, und das, obwohl dieses Ergebnis für das Kind vielleicht überhaupt nicht im Fokus stand.

Mir begegnen in der Praxis viele Kinder, die nach und nach das Interesse am Lernprozess selbst verloren haben. Sie trauen sich nur noch an Aufgaben heran, bei denen sie sich sicher sind, diese erfolgreich lösen zu können. Denn sie sind sich sicher, nur so Lob und somit Zuspruch zu erhalten.

Was also stattdessen tun, wenn das Kind gerade etwas zum ersten Mal schafft, hier etwa: die Banane schneidet? Wir können uns für den Prozess, den das Kind beim Erlernen durchläuft, ehrlich interessieren. Das muss nicht einmal verbal sein. Oft ist schon ein interessiertes Zuschauen ausreichend, um dem Kind klar zu machen, »du wirst gesehen«. Doch auch ein Nachfragen und ein ehrliches interessiertes Gespräch sind oft Bestätigung genug.

Lob beinhaltet immer eine gewisse Wertung.

Manchmal reicht jedoch, einfach zu verbalisieren, was das Kind gemacht hat – ganz ohne jede Wertung. Also statt: »Oh, hast du aber ein tolles Bild gemalt!« zu sagen: »Ah, du malst einen Osterhasen.« Das Kind merkt: »Mama oder Papa hat mich gesehen und das, was ich hier gerade tue.«

Es ist ein Trugschluss, dass ein »Gut gemacht!« ein Kind, was gerade auf Anweisung ein Kuchenstück mit dem Nachbarskind geteilt hat, damit automatisch motiviert, ab sofort häufiger zu teilen. Ein Lob des Verhaltens führt nicht zu einer Verhaltensänderung. Wenn es doch gewöhnt ist, für jedes Teilen gelobt zu werden, kann es passieren, dass ein Kind nur dann teilt, weil es das Lob erhaschen möchte. Ist kein lobender Elternteil in Sichtweite, sieht es dann keinen Grund, zu teilen. Bei Lob besteht immer ein wenig die Gefahr, dass eine Art von Dressur ist, die zur Folge haben soll, dass das Kind sich so verhält, wie es die Eltern gerne hätten.

Wir können uns stattdessen für das Verhalten bedanken und dem Kind aufzeigen, was es mit positivem Verhalten bei seinem Gegenüber bewirkt.

- »Oh schau mal, Luise freut sich jetzt aber, dass du ihr etwas abgegeben hast, die strahlt ja übers ganze Gesicht!«
- »Guck mal, weil du ihn so lieb gedrückt und ihm ein Pflaster gebracht hast, weint Tristan jetzt gar nicht mehr.«

Wenn Eltern loben, schwingt oft der Wunsch mit, auf diesem Wege vielleicht das Kind dazu zu bringen, sich für eine Sache mehr zu begeistern, zu motivieren. Wenn ich immer sage, wie schön mein Kind malt, vielleicht malt es dann endlich mehr und wird feinmotorisch besser. Bewirkt ein Lob also eine gesteigerte Motivation auf Seiten des Kindes?

Nun, es gibt zwei gegensätzliche Antriebskräfte für die Motivation: die intrinsische Motivation und die extrinsische Motivation. Die intrinsische Motivation ist die Motivation, die wir in uns selber tragen. Sie führt dazu, dass wir uns von uns aus für Dinge begeistern und ausdauernd mit ihnen beschäftigen. Es ist unser Naturell, Dinge erleben zu wollen, die in uns selbst eine Form der Befriedigung auslösen. Wir sind von Natur aus neugierig und möchten Dinge erforschen und verstehen – was dann eben zu einem Gefühl der Befriedigung und Zufriedenheit führt. Für diese Motivation brauchen wir keine anderen von außen.

Auf der anderen Seite steht die extrinsische Motivation, die von außen ausgelöst wird. Wir wollen geliebt und anerkannt werden, streben nach Aufmerksamkeit –

durch Lob und Belohnungen werden wir demnach scheinbar motiviert. Unser Ziel ist es, sozial erfolgreich zu sein oder eben die Anerkennung und Zuneigung zu bekommen, die wir uns durch Lob erhoffen.

Was bedeutet das für das Lob, das wir unseren Kindern geben? Sollen wir loben oder nicht? Schauen wir uns einmal beide Extreme an: Auf der einen Seite steht ein Kind – nennen wir es Luise –, das von den Eltern nie gelobt wird. Sie möchten, dass Luise sich vollkommen frei entfaltet, unabhängig von Belohnungen oder Tadel. Luise hat die Chance, selbst herauszufinden, wofür sie »brennt«, was sie begeistert. Sie macht die Dinge, die ihr Spaß bereiten. Allerdings ist es für sie schwierig, sich in der Gesellschaft anzupassen, wenn etwa jemand mit bestimmten Forderungen an sie herantritt und sie etwas auf eine bestimmte Art und Weise zu tun hat. Luise kennt nur die Welt, in der ihr eigener Weg immer der richtige ist. Das zieht sich bis hin ins Erwachsenenalter. Luise ist kreativ in ihrem Beruf als Künstlerin und Autorin – doch sie kann es nicht haben, wenn jemand ihr Vorgaben machen möchte oder sie sich Normen und Regeln unterwerfen soll. Sie ist intelligent und möchte frei sein in ihrem Denken. Einem »normalen« Job als Arbeitnehmerin nachzugehen, ist für sie kaum vorstellbar. Ihre Freunde verstehen sie oft nicht. Sie denkt sehr individuell und versteht im Gegenzug oft nicht, wie die anderen sich so scheinbar blind gesellschaftlichen Regeln unterwerfen, ohne diese zu hinterfragen. Sie versucht auszubrechen aus diesen Normen und eckt damit oft an. Manchmal fühlt sie sich missverstanden und allein mit ihren Ideen und Gedanken.

Das andere Extrem wäre ein Kind – nennen wir es Lukas –, das für alles von seinen Eltern gelobt und belohnt wird. Lukas wird immer unterstützt, bekommt regelmäßig Feedback und klare Regeln dazu, was richtig ist und was nicht. Seine Eltern loben ihn selbst für kleine Dinge. Das führt dazu, dass Lukas irgendwann eine gewisse Erwartungshaltung an den Tag legt. Er erwartet, ständig die applaudierende Mama oder den begeisterten Papa neben sich stehen zu haben. Lukas wird zum Fußball gefahren, zum Gitarrenunterricht und zur Schach-AG. Er hat schnell verstanden, was er tun muss, um Erwachsenen zu gefallen bzw. um positive Rückmeldung zu bekommen. In der Schule wird er schnell gut. Er strebt nach der Anerkennung seiner Mitschüler/innen und da er sehr integriert ist und sich an die Regeln hält, wird er schnell immer beliebter. Doch der Druck, den er sich selbst macht, ist sehr groß. Er ist oft unzufrieden mit sich, obwohl er immer besser wird in der Schule, im Studium ... Er bekommt viel Bestätigung von außen, doch hat völlig aus dem Blick verloren, wo eigentlich seine Interessen gelegen hätten, was ihn begeistern könnte. Er ist abhängig von ständigen Rückmeldungen von außen, hinterfragt keine Regeln, sondern funktioniert.

Beide Extreme sind demnach schwierig. Es braucht eine Balance, um herauszufinden: Was möchte ich selbst? Was tut mir gut, was begeistert mich, was ist mein Weg? Aber gleichzeitig auch: Wie kann ich zusammen mit anderen funktionieren? Wie kann ich mit im Blick haben, was andere von mir erwarten?

Wir wünschen uns doch, dass unsere Kinder später beispielsweise ihr Hobby oder ihren Beruf wählen, weil sie darin aufgehen, es ihnen Spaß bringt, sie sich selbst in dem, was sie tun bestätigen können. Wir möchten keine Abhängigkeit von außen schaffen.

> Für Kinder viel hilfreicher als Lob sind demnach ehrliche Anerkennung und das Wissen, von uns, ihren Eltern, gesehen zu werden.

Das zeigt im besten Fall, dass wir unser Kind wertschätzen. Diese Anerkennung und Wertschätzung können wir sogar nonverbal zeigen, indem wir unser Kind interessiert ansehen und ihm zuhören.

Wenn wir dennoch loben, sollte Lob stets authentisch und angemessen sein. Wir können dabei mehr die persönlichen Qualitäten eines Kindes benennen als die Resultate. Qualitäten sind das, worauf es letztendlich im Leben ankommt, Ergebnisse stehen erst in zweiter Reihe: Durchhaltevermögen, Konzentration, Hilfsbereitschaft, Einfühlungsvermögen, Pünktlichkeit … sind solche Qualitäten. Je mehr ich um meine eigenen Qualitäten weiß, desto selbst-bewusster weiß ich um meinen Wert. In meiner Praxis gibt es immer wieder Kinder, die mir nicht sagen können, was ihre Qualitäten und ihre Stärken sind. Oft einfach deshalb, weil ihnen diese Qualitäten noch nie jemand in Worte gefasst, also konkret beschrieben hat.

Hilft mein Kind mir ungefragt, die Spülmaschine auszuräumen, habe ich die Wahl zwischen einem simplen »Danke. Gut gemacht.« oder einem Lob, das die Qualität des Kindes benennt: »Oh danke, du bist wirklich hilfsbereit!« Das mag nach einem lapidaren Unterschied klingen. Wenn ich mir aber vorstelle, ich selbst hätte die Wahl zwischen einem Lob am Abend (nach einem arbeitsreichen Tag), das entweder aus einem »Gut gemacht.« bestünde oder aber aus einem »Das ist wirklich beeindruckend, wieviel Ausdauer du hast, wenn du sechs Stunden einen Vortrag hältst«, dann würde mir das zweite viel mehr bedeuten. Ich würde es mit hoher Wahrscheinlichkeit länger abspeichern und – im positiven Sinne – davon zehren können. Beim Lob meiner Qualitäten verändert sich das eigene Selbstbild positiv. Das Gehirn signalisiert mir: »Oh, ich bin offensichtlich jemand, der Ausdauer hat – das merke ich mir.« Der Effekt auf mein Selbstbild und Selbstbewusstsein ist also sehr viel größer und langfristiger.

»... dann darfst du gleich fernsehen« – Die Sache mit den Belohnungen

Neben dem Lob klingt auch der Begriff »Belohnung« erst einmal gut. Doch bei einem Belohnungssystem schwingt in den meisten Fällen der Gedanke mit »Wie können wir per Belohnung oder Strafe ein Kind dazu bringen, sich so zu verhalten bzw. das zu tun, was wir gerne hätten, damit es quasi ›gut funktioniert‹?«

Bestechungen und Versprechen á la »Wenn du jetzt ruhig spielst, dann kriegst du ...« sind Methoden, auf die wir als Eltern meist besonders dann zurückgreifen, wenn wir einfach »platt« sind, wenn wir kaum noch Energie haben und einfach nur möchten, dass die Kinder bitte einfach mal »funktionieren«, dass »einfach Ruhe ist«, dass mal alles nach Plan läuft. Diese Momente kennt wohl jede Mutter und jeder Vater. Und die Verlockung ist groß, mit einer kleinen Süßigkeit, Fernsehen oder sonst einem Versprechen vermeintlich für Entspannung in dem Moment zu sorgen.

Dazu einige Gedanken: Wir wissen es ja selbst: Dieses »Wenn du dies machst, bekommst du das« ist zwar durchaus verlockend, jedoch letztendlich eine kleine »Erpressung«, die dazu führt, das Kind in seinem Verhalten so zu beeinflussen, wie es für uns als Eltern angenehm ist. »Wenn du beim Kochen hilfst, bekommst du nachher einen Lolli.« Der Weg ohne »Erpressung« sähe beispielsweise so aus, dass wir das Kind motivieren, etwa beim Kochen einfach deshalb mitzuhelfen, weil wir ihm von klein auf gezeigt haben, dass gemeinsames Kochen Spaß machen kann, und weil wir ihm vermittelt haben, dass alle es wertschätzen, dass Mama (oder Papa) jeden Tag dafür sorgt, dass das Essen rechtzeitig auf dem Tisch steht.

Wenn wir als Eltern an einem Belohnungssystem festhalten möchten, wäre z. B. eine Unternehmung und gemeinsame Zeit die schönste Möglichkeit. Eine Form von Belohnung schafft im besten Fall eine gemeinsame positive Erinnerung, die auch noch die Eltern-Kind-Beziehung stärkt.

Auf Dauer hilfreicher als jedes Lockmittel und jede Belohnung, ist es, zu verbalisieren, was beispielsweise die kindliche Hilfe beim Kochen für einen Effekt hatte. Ein Kommentar beim Essen vor dem Rest der Familie zum Beispiel: »Christian hat mir so toll geholfen beim Kochen. Er hat sogar die ganzen Tomaten selbst geschnitten und in die Schale gelegt. Und die Nudelsauce hat er auch kräftig gerührt. Ich finde, da schmeckt das Essen doch gleich doppelt so lecker!«

Belohnen wir hingegen jede kleine Hilfe gleich, so wird auch das Kind auf Dauer automatisch seinen Fokus darauf legen, Belohnungen zu erhalten und auf diese Weise selbst etwas zu »gewinnen«, was eher zu einem erhöhten egoistischen Verhalten führen kann, was uns dann ggf. wieder stört und zu Konfrontationen führen kann.

Wir möchten doch am liebsten, dass unsere Kinder nicht nur dann kurz »mit anpacken«, wenn wir sie dafür belohnen, dass sie die Wäsche mit auf die Zimmer aufteilen oder die Spülmaschine ausräumen, sondern dass sie auf Dauer verstehen, dass etwa der Haushalt ein Projekt ist, das wir als Familie gemeinsam erledigen, einfach damit es für alle schön ist, zusammen zu wohnen. Und auch weil es für eine einzelne Person viel zu viel wäre, alles alleine tun zu müssen. Möchten wir Pflichtbewusstsein und Hilfsbereitschaft fördern, sollten wir Kindern Dinge zunächst einmal überhaupt zutrauen, selbstständig zu erledigen. Auch wenn dann eben noch einiges nicht so leicht von der Hand geht, sondern etwas mehr Zeit benötigt. Denn nur wenn ich etwas eigenständig schaffe, stellen sich auch ein Gefühl von »Ich kann das schon« und ein gewisses Maß an Erfolg ein. Das wiederum tut dem Selbstwertgefühl gut.

Wurden Dinge für die Gemeinschaft erledigt, können wir uns ehrlich bedanken – auch hier gehen wir wieder mit gutem Beispiel voran und sind Vorbild. Und natürlich sind nicht alle Aufgaben, die anstehen, immer eine Freude für die Person, die sie erledigen soll. Auch das dürfen wir den Kindern ehrlich verbalisieren. Es gibt einfach Dinge, die getan werden, einfach weil wir sie für die Gemeinschaft, die Familie tun. Es ist vollkommen in Ordnung, nicht an allem Spaß zu haben. Manchmal hilft hier der gemeinsame Weg: »Komm wir machen das eben zusammen. Dann geht es schneller und dann haben wir gleich mehr Zeit Lego zu spielen.«

Wie in allen anderen Alltagsbereichen auch, sind wir die Personen, an deren Vorgehen, Verhalten und Ansichten unsere Kinder sich orientieren. Wir können daher nur gewinnen, wenn wir wiederholt die Werte betonen, die wir in unserer Familie hochhalten. Wenn die Kinder erleben, dass Werte wie Zusammenhalt, gegenseitige Unterstützung und Hilfsbereitschaft von ihren Eltern gelebt und tatsächlich auch verbalisiert werden, bildet das eine wunderbare Basis für ein Miteinander, das ohne ein ausgefuchstes Belohnungssystem auskommt.

> Wurden als Belohnung dann doch Dinge/Taten versprochen, heißt es – gerade bei kleinen Kindern –, dass man diese dann möglichst zeitnah folgen lässt.

Und zwar ohne unnötig verzögerte Zwischenstationen. Wenn ich zu meinem Sohn sage: »Du hast mir so geholfen, dass wir jetzt schon fertig sind. Jetzt haben wir Zeit und pflücken im Garten gemeinsam ein paar Himbeeren«, dann sollte das entsprechend zeitnah geschehen. Wenn ich allerdings zuvor noch bei der Waschmaschine anhalte, in der Küche noch schnell für Ordnung sorge und das Kind parallel dazu mit einem Spielzeug »in der Warteschleife halte«, wird die Zeit zwischen Ankündigung und Durchführung einfach deutlich zu lang.

»Aua, mein Bein!« – Was bei Ängsten und Schmerzen hilft

 Jasmin ist drei Jahre alt. Gerade ist sie beim Rennen gestolpert und hingefallen. Noch sitzt sie in der kurzen Schrecksekunde auf dem Boden und weint nicht.

Was tun? Wenn es kein gravierender Sturz war: Kurz abwarten und genau beobachten.

- Ist alles okay?
- Steht sie direkt wieder auf?
- Läuft sie weiter?
- Sucht sie den Augenkontakt zu uns als Mama oder Papa?

Oft passiert es, dass ein kleines Kind hinfällt, sich aber nicht ernsthaft wehtut. An sich würde es jetzt einfach aufstehen und weiterspielen. Dann jedoch kommt Mama/Papa mit mehr oder weniger hochbesorgtem Gesichtsausdruck und einem »Mein Gott, ist alles gut?«. Vielleicht wird das Kind auch noch ruckartig hoch auf den Arm gerissen. Was passiert dann? Das Kind sieht die Sorge in den Augen der Eltern und denkt sich: »Oh, Papa guckt so als sei etwas ganz Schlimmes passiert. Dann war mein Sturz bestimmt auch ganz besonders schlimm.« Und erst dann beginnt es, zu weinen. Weniger deshalb, weil es weh tut, sondern weil ihm seine Eltern suggeriert haben: »Das war gerade etwas ganz Schlimmes!«

Das heißt selbstverständlich nicht, dass man Kinder, die sich ernsthaft verletzen, ignorieren soll. Doch je nach Situation lohnt es sich, einen winzigen Moment lang abzuwarten: »Wie schlimm ist es – für mein Kind – wirklich?« Insbesondere sehr kleine Kinder werden oft nach jedem kleinen Stolpern direkt auf den Arm genommen. Leider können sie dann nicht üben, selber aufzustehen und zu schauen: »Ist alles in Ordnung bei mir? Tut es sehr weh? Oder kann ich einfach weiterlaufen?«

Selbstverständlich muss man es ernst nehmen, wenn es wehtut. Wichtig ist hier zu wissen: Kinder sind – wie übrigens auch Erwachsene – unterschiedlich schmerzempfindlich. Nora stößt sich den Kopf vielleicht fünf Mal, bevor ihr das wehtut, Max dagegen weint schon beim ersten leichten Kopfstoßen kläglich. Zunächst einmal gilt es, den Schmerz ernst zu nehmen – aber ihn nicht noch mit der eigenen Reaktion darauf zusätzlich und über die Maßen zu steigern.

> Bo ist fast drei Jahre alt und spielt an der Terrassentür seines Opas. Es ist ein altes Haus und die Tür ist wackelig. Bo zieht an einem interessant aussehenden Hebel und BUMMS rastet die schwere Tür ein und gibt einen lauten Knall von sich. Bo hat keinerlei körperlichen Schmerz davongetragen, sich jedoch enorm erschrocken und beginnt, laut zu weinen. Bos Opa kommentiert: »Ach komm, ist doch gar nichts passiert! Das war doch nur ein Schreck!«

Was passiert in diesem Moment? Wieso hören Kinder manchmal Sätze wie den von Bos Opa? Was möchten wir Erwachsenen damit bezwecken? Wir möchten vielleicht, dass unser Kind sich beruhigt, wieder leiser ist. Vielleicht können wir es auch nicht gut haben, wenn unser Kind weint. Doch mit solchen Sätzen verneinen und unterdrücken wir die Gefühle unserer Kinder. Bo lernt: »Es ist nicht in Ordnung, wenn ich weine. Ich muss meine Schmerzen unterdrücken und ignorieren.« Auch wenn es »nur« ein Schreck war, so ist das Gefühl doch für Bo gerade sehr real und offensichtlich sehr unangenehm.

Wir könnten stattdessen das Gefühl, egal ob Schreck, Angst oder Schmerz, wahrnehmen lassen – es darf wehtun und das darf das Kind auch äußern. Schmerzen sind nichts, was man unterdrücken sollte. Das heißt übrigens auch, dass ein Kleinkind nicht direkt den Schnulli zur Beruhigung in den Mund gesteckt bekommen oder abgelenkt werden muss. Natürlich kann ich, wenn das Kind sich ernsthaft verletzt hat, nach einiger Zeit Fläschchen, Schnuller, Bilderbuch und Co. anbieten und gemeinsam etwas Erholungszeit schaffen. Doch das Kind soll eben wissen: »Wenn ich mir wehtue und deshalb weinen muss, dann ist das in Ordnung.«

> Der Schmerz und das Gefühl dürfen heraus! Das ist ein wichtiger und sehr gesunder Prozess.

Natürlich können wir es nicht gut haben, wenn unser Kind weint, emotional oder körperlich verletzt ist. Wenn wir dann als Eltern durch Ablenkung oder ein Herunterspielen die Situation möglichst schnell wieder auflösen wollen, birgt das leider die Gefahr, dass Kinder nicht mehr in die eigenen Gefühle vertrauen, denn die scheinen ja in solchen Momenten nicht »gern gesehen« zu sein. Dabei möchten wir doch, dass unsere Kinder sich auf ihre Gefühle verlassen. Dass sie ihrer Intuition, ihrem Bauchgefühl vertrauen. Denn nur so können sie sich auch von Dingen, die ihnen nicht richtig erscheinen, Dingen, die ihre persönlichen Grenzen überschreiten, abgrenzen, was ein wichtiger Schutzmechanismus ist.

Anstatt also zu bewerten, wie es dem Kind geht, haben wir die Möglichkeit erst einmal wertfrei zu schauen, was gerade passiert ist. Empathie ist auch hier das Zauberwort – insbesondere in Situationen, in denen wir nicht wirklich einschätzen können, was sich tatsächlich abgespielt hat, als ein Unfall, Streit oder ähnliches passierte, sollten wir uns mit Wertungen zurückhalten. Sich erst einmal einfach nur anzuhören, was passiert und ob jetzt wieder alles in Ordnung ist, kann hier ein guter Mittelweg sein. Oft hilft es, ehrlich nachzufragen, wie das Kind sich fühlt.

Lilly ist ein Jahr alt und hat einen wunden Po, der schmerzt. Mama möchte sie eincremen. Lilly schreit und möchte nicht.

Auch wenn es an der Mutter ist, die Entscheidung zu treffen, dass Lillys Popo jetzt Creme braucht, um die Schmerzen zu lindern, hilft eine Erklärung: »Ich verstehe, dass du das gerade doof findest. Ich verspreche dir, ich bin ganz vorsichtig und mache schnell. Weißt du, warum wir Creme auf deinen Popo machen? Die Creme hilft, dass der Popo ganz bald nicht mehr wehtut. Deshalb creme ich dich ein.« Ein Popo-Eincrem-Lied ist sicher zusätzlich hilfreich. Etwas Ablenkung ggf. auch. »Schau mal, die Creme ist so weiß wie Schnee. Ist die wohl auch so kalt?«

Heißt nicht, dass Lilly ab sofort gerne den Popo eingecremt bekommt, aber dieser Weg ist dennoch dem zu bevorzugen, bei dem ein Kind nicht weiß, was und warum etwas gerade (mit ihm) passiert.

Jona hat sich das Knie aufgeschlagen. Das soll nun desinfiziert und verbunden werden. Jona weint und möchte das auf keinen Fall.

Auch hier wirken Lockerheit und ein spielerisches Herangehen oftmals Wunder. Wir können ja nur gewinnen, wenn wir uns die Zeit nehmen, mit Jona oder vor Jonas Augen ein paar seiner Kuscheltiere mit Pflastern zu bekleben, die sich dann laut freuen, dass es ihnen nun bald besser geht. Und auch das Desinfektionsspray lässt sich erst einmal auf Mamas Arm und Papas Bauch testen, und die finden, dass das schön kalt kitzelt. Einen Versuch ist es immer wert.

> Die Forschung hat gezeigt, dass nicht Abhärtung und Ignoranz uns stark und widerstandsfähig machen, sondern eine stabile Bindung zu unseren Bezugspersonen dies tut. Es schafft ein festes Urvertrauen, ernst genommen und gesehen zu werden.

Bei Übernachtungssituationen außer Haus, in denen das Kind noch klein und unsicherer sind, hilft oft auch ein ganz spezielles »Erinnerungsstück«: Ein T-Shirt oder ein Schal, den Mama oder Papa oft getragen haben (und der so schön nach ihnen riecht), hat schon so manchem Kind beim Einschlafen »in der Fremde« geholfen. Wir Erwachsenen mögen eine Übernachtung außer Haus als spannend und/oder schön bewerten. Das Kind kann trotzdem mit so einem über-nächtigten Ortswechsel überfordert sein. Sollte die Angst überhandnehmen, holen wir natürlich das Kind (wenn möglich) unverzüglich zurück ins eigene Bett.

Mitunter sind es auch die Eltern selbst die, die – oft ganz unbewusst – zu Ängsten auf Seiten des Kindes beitragen: »Du, ich weiß, das ist blöd für dich, dass du heute nicht bei Papa und mir schlafen kannst. Aber Tante Paula ist ja ganz nett, und wir beeilen uns auch, damit du ganz schnell wieder nach Hause kannst.« – ohne dass das Kind von sich aus vorher Sorge geäußert hätte. Was passiert dann? Das Kind könnte denken: »Moment, wenn Mama sagt, dass ich wahrscheinlich Angst habe, dann gibt es ja sicher einen Grund, Angst zu haben.« Und was hat es dann? Angst.

Auch vor Arztbesuchen können wir großen Einfluss darauf nehmen, mit welchem Grundgefühl ein Kind die Praxis betritt. Hören sie vorher ein »Wir gehen gleich zum Dr. Bertold. Du musst keine Angst haben. Das wird bestimmt gar nicht so schlimm.«, ist das nett gemeint. Ein »Wir gehen jetzt zu Dr. Bertold. Mal sehen, wie es da heute aussieht. Ob er wieder so einen froschgrünen Kittel anhat. Oder ob er sich anders verkleidet hat.« wäre hier eine gelungene Alternative.

War der letzte Termin beim Augenarzt unglaublich anstrengend, weil der Sohn weder ein Auge für den Sehtest zuhalten, noch durch dieses seltsame Gerät schauen wollte, kann man, bevor einige Wochen später ein erneuter Versuch gestartet wird, gemeinsam üben, wie ein Pirat mit einer Augenklappe nur mit einem Auge sehen kann und wie es sich anfühlt, durch so eine Art Brille wie beim Testgerät zu schauen. Man kann die Situation auch spielerisch schon durchgehen und so »Augenarzt spielen«, dass das Kind im Moment des echten Arzttermins den Ablauf schon kennt und sich somit vielleicht etwas sicherer fühlt.

Gleiches gilt beim Spielen und Toben.

Tim ist drei und auf dem Spielplatz immer sehr zurückhaltend. Er klettert auf kein Klettergerüst und rutscht nur gemeinsam mit Mama oder Papa.

Wenn ein Elternteil ständig besorgt daneben steht und warnt, DIES nicht zu tun, weil es zu gefährlich ist und DORT aufzupassen, weil man fallen könnte, dann wird sich diese Sorge schon bald auf das Kind übertragen. (Gleiches gilt übrigens bei Angst vor Spinnen, Gewitter und ähnlichem. Auch diese Ängste sind antrainiert, nicht angeboren.)

Ein Kind, das auf dem Klettergerüst begleitet wird von »Pass bitte auf! Sei vorsichtig! Langsam! Vorsichtig!! Warte, das kannst du noch nicht!«, wird im Vergleich zu einem Kind, das ein »Du schaffst das schon! Wenn du Hilfe brauchst, bin ich hier. Halt dich fest und probier' es ruhig alleine aus! Ich fange dich notfalls auf« mit großer Wahrscheinlichkeit die Ängstlichkeit seiner Begleitperson übernehmen. Abgesehen davon, dass ständige panische Zwischenrufe durchaus dazu führen können, dass ein Kind in einer Situation so irritiert und abgelenkt wird, dass es die Herausforderung, die es eigentlich durchaus bewältigt hätte, aufgrund der Ablenkung dann doch nicht schafft.

Bei aller (selbstverständlichen) Grundvorsicht und Sorge sollten wir demnach den Blick dafür schärfen, wo unsere Vorsicht berechtigt ist und was eher eine unnötige Angstübernahme auf Seiten des Kindes bedeuten könnte.

So oder so, ob ungewollt »produziert« oder vom Kind selbst ausgehend: Angst gilt es, selbstverständlich zunächst einmal ernst zu nehmen.

Wenn mein Kind sich etwas sicher zutraut, dann sollte es das auch alleine tun dürfen. Wenn mein Kind bei einer Sache darauf beharrt, dass es dabei trotz Ermutigung von Seiten der Eltern, noch Hilfe braucht, sollte es diese Hilfe selbstverständlich bekommen.

Ich möchte hier jeden Elternteil ermutigen, dem eigenen Kind vielleicht noch etwas mehr zuzutrauen. Denn selbstverständlich kennt wohl jeder Elternteil Momente, in denen man das Kind irgendwo hochklettern, rennen oder springen sieht und denkt: »Oh nein, wenn er/sie da hinfällt, dann ...« Und dann entstehen nicht selten detaillierte Horrorszenarien in den elterlichen Köpfen. Dann eingreifen zu wollen, ist erst einmal ja ganz natürlich und richtig, denn wir sind ja auf den Schutz und die Sicherheit unseres Kindes aus. Doch (wenn nicht gerade akute Gefahr wie etwa im Straßenverkehr droht), sollten wir eines bedenken: Kinder müssen auch Dinge angehen dürfen, die nicht vollkommen sicher und darauf ausgelegt sind, dass sie sie ohnehin schaffen. Sie brauchen Herausforderungen, an denen sie wachsen können. Auch körperlich. Das Überschreiten der Grenzen, das Testen neuer Höhen hilft, die eigenen Grenzen besser kennenzulernen und einschätzen zu können, was wiederum ein großer Gewinn für das eigene Selbstbewusstsein und ein gesundes Körpergefühl ist.

Was heißt das für uns Eltern konkret? Finden wir uns einmal in einer Situation wieder, in der unser Kind etwas beklettern möchte, was uns zu potenziell gefährlich aussieht, können wir uns zunächst fragen: Droht hier wirklich akut Gefahr, dass etwas passiert? Oder ist das eher nur ein Bild in meinem Kopf? Droht keine wirklich akute Gefahr, sollten wir uns bewusst herausziehen und uns ständige warnende Kommentare verkneifen.

Es ist nicht unsere Aufgabe, die Kinder vor allen Gefahren zu beschützen, sondern ihnen ein sicheres Umfeld zu schaffen, in dem sie lernen dürfen, gefährliche Situationen einzuschätzen und zu meistern. Wie gehe ich mit welchem Werkzeug um, welche Schuhe sind besonders gut zum Klettern geeignet, was kann man tun, wenn man doch einmal fällt? Hilfestellungen sind hier deutlich effektiver, als das Kind von all den potenziell gefährlichen Dingen fernzuhalten. Denn wir werden nicht immer daneben stehen können. Irgendwann müssen wir darauf vertrauen, dass unser Sprössling die Welt alleine erkunden wird. Im Idealfall kennt er dann die eigenen Grenzen und hat von uns das Handwerkszeug dazu bekommen, sich selbst zu helfen, Herausforderungen anzugehen und Risiken realistisch abzuschätzen.

Unabhängig davon, ob sie uns als Erwachsenen mitunter irrational erscheinen oder vielleicht nicht logisch vorkommen mögen: Für Kinder sind Ängste im Moment des Erlebens sehr real. Allgemeine Floskeln wie »Du brauchst keine Angst zu haben!« oder »Da ist doch gar nichts!« helfen genauso viel, wie wenn ich mit starker Flugangst bibbernd im Flieger sitze und mein Flugnachbar mir sagt, meine Angst sei ohnehin völlig irrational. Weniger wird sie dadurch kaum. Stattdessen können wir die Ängste der Kinder ernst nehmen und sie – im Idealfall gemeinsam – auflösen.

Ein »Komm, wir schauen mal gemeinsam unters Bett« oder ein »Ich hole eine Taschenlampe und ich zeige dir, wo das komische Geräusch draußen herkommt« oder ein »Wenn du jetzt im Dunkeln auf dem Heimweg Angst hast, dann nehme ich dich auf den Arm und wir singen jetzt laut ein Lied – bis wir Zuhause sind.« wirkt Wunder und signalisiert den Kindern:

1. »Ich bin jederzeit sicher« und
2. »Ich werde (mit meinen Sorgen oder Ängsten – was immer es auch ist) ernst genommen!«

»Ich mag das nicht« – Wie wir die Grenzen unserer Kinder achten

Kinder haben – genau wie Erwachsene – ein ganz individuelles Gefühl davor, was für sie zu viel, zu nah, zu laut ist. Es ist daher unsere Aufgabe als Eltern, im Blick zu haben, dass die Grenzen unserer Kinder nicht überschritten werden. Weder von uns noch von anderen. Es ist unsere Aufgabe, die Grenzen unserer Kinder zu schützen!

Laila ist erst acht Wochen alt und die Verwandtschaft ist zu Besuch. Jeder möchte die süße Kleine einmal auf den Arm nehmen und sie wird von Onkel zu Tante zu

Oma und zum nächsten Onkel gereicht. Laila ist unruhig und ihrer Mutter steht der Stress ins Gesicht geschrieben.

Robin ist ein Jahr alt. Sein Patenonkel ist gerne zu Besuch und möchte dann mit Robin knuddeln und toben. Er schnappt den Kleinen dabei oft unerwartet und kuschelt sich mit seinem Vollbart stürmisch an das Gesicht des Jungen, woraufhin Robin regelmäßig anfängt zu quengeln und zu weinen.

Lina ist vier Jahre alt. Linas Opa möchte sie dazu bewegen, ihm ein Küsschen aufzudrücken. »Jetzt gib mir ein Küsschen! Sonst bin ich ganz traurig!«, sagt er überzeugend. Als Lina »Nein« sagt und sich abwendet, zieht ihr Opa sie kurz an sich und drückt ihr einen dicken Schmatzer auf die Wange.

Beim Kinderturnen sollen alle Kleinkinder im Kreis zu einem Lied mitlaufen und mittanzen. Moritz möchte ganz offensichtlich nicht und versteckt sich immer wieder unsicher hinter seiner Mutter. Die Turnleiterin greift nach Moritz' Hand und zieht ihn hinter sich her »Jetzt komm, Moritz. Alle Kinder machen mit. Dann musst du doch auch mitmachen! Komm, das macht Spaß.«

Conny ist zwei Jahre alt. Ihre Tante fragt sie gerade: »Na, soll ich dich ein bisschen aufs Sofa werfen und wir toben?« Conny schüttelt den Kopf. »Nein, nein«, sagt sie deutlich. »Ich möchte jetzt aber ein bisschen toben«, grinst die Tante und wirft Conny in den Kissenberg.

Marlons Oma möchte ihm die Schuhe anziehen, doch Marlon möchte nicht. »Wenn du jetzt nicht die Schuhe anziehst, dann schmeißt Oma sie in den Müll«, droht sie ihrem Enkelsohn mit ernstem Gesicht.

Lio spielt mit seinen Bausteinen. Ein Bekannter macht sich einen Spaß daraus, Lio immer wieder das Bauklotzauto wegzunehmen, hinzuhalten und dann doch wieder die Hand wegzuziehen, so dass Lio nicht an sein Auto kommt. Er wiederholt dies immer wieder. Lio ist gereizt und weinerlich.

Hier rate ich jedem Elternteil, sehr genau auf das eigene Bauchgefühl zu hören!

> Wenn ich als Mutter oder Vater in einem Moment das Gefühl habe, es könnte zu viel für mein Kind sein (zu viel Nähe, zu viel Lärm, zu viele Eindrücke) oder es könnte etwas geschehen, das meinem Kind unangenehm ist, sollte ich dies ernst nehmen und es nicht weglächeln.

Es ist unser gutes Recht in solchen Momenten klar, aber dennoch freundlich einzugreifen.

- »Ich verstehe, dass ihr alle die Kleine halten möchtet, aber ich habe das Gefühl, dass es ihr zu viel wird. Gebt sie mir bitte wieder auf den Arm.«

- »Kannst du bitte etwas vorsichtiger und sanfter sein zu Robin? Ich sehe, dass ihm das unangenehm ist, wenn du so stürmisch bist.«
- »Wenn du kein Küsschen geben möchtest, musst du das nicht!«
- »Moritz, wenn das für dich gerade zu viel ist, laufe ich mit dir. Oder möchtest du erst einmal hier bei mir bleiben und zuschauen?«
- »Conny möchte gerade nicht toben. Wenn sie NEIN sagt, dann nimm das bitte ernst!«
- »Marlon, Oma schmeißt deine Sachen nicht in den Müll! Sie möchte aber jetzt wirklich, dass du deine Schuhe anziehst, weil sie gleich losgehen möchte.«
- »Lio findet das überhaupt nicht lustig, was du da machst. Gibst du ihm bitte sein Spielzeug zurück?«

Gerade wenn unsere Kinder noch sehr klein sind und ihre Grenzen selbst schwer verbalisieren können, sollten sie darauf vertrauen können, dass ihre Hauptbezugspersonen für sie einstehen und auf sie Acht geben. Jederzeit. Denn wir wünschen uns doch, dass unsere Kinder, auch wenn sie älter werden, in der Lage sind, deutlich zu sagen, was sie möchten und was nicht. Dass sie sich auf angemessene, aber klare Weise wehren, wenn jemand ihnen zu nahe kommt. Dass sie ein Gespür dafür haben, wo für sie eine Grenze überschritten wird, und sich trauen, dies deutlich auszudrücken. Diese Fähigkeit kann ein Kind nur lernen, wenn man ihm von klein auf zu verstehen gibt, dass seine persönlichen Grenzen geachtet und gewahrt werden.

Das bedeutet auch, dass wir etwa in Situationen, in denen unser Kind weinerlich ist oder quengelt, schauen:

- Kann es sein, dass ich mein Kind mit der Situation überfordert habe?
- War es vielleicht alles etwas viel Programm heute?
- Hätte ich mein Kind doch lieber einen Mittagsschlaf machen lassen sollen?
- Hätte ich ihn/sie vielleicht gestern nicht so lange mit zu unseren Bekannten nehmen sollen am Abend?
- Ist er/sie vielleicht erschöpft, hungrig, müde …?
- Habe ich mein Kind in eine Situation gebracht, von der ich wusste, dass es sie nicht gerne mag?

Wir sind in der Verantwortung solche Dinge im Blick zu behalten. Und auch wenn das selbstredend niemandem immer gelingt, hilft es doch, die Schuld für ein Quengeln dann nicht dem Kind »in die Schuhe zu schieben«. Denn wir wären sicher ähnlich gereizt oder gestresst und würden vielleicht nicht in einem entspannten Tonfall reden, wenn wir müde, hungrig oder völlig überfordert wären.

Hier sei noch einmal erwähnt, dass es Kinder gibt, die konkrete Hilfestellung benötigen, wenn es darum geht, ihren Gefühlen in bestimmten Situationen Ausdruck zu verleihen oder sich nicht über die eigenen Grenzen »treten« zu lassen. Es gibt etwa Kinder, die aufgrund ihres hohen Dranges zur Harmonie eher viel einstecken, als einem anderen Kind »Kontra zu geben.«

Sila ist drei Jahre alt und vermeidet Konflikte, wo sie kann. Sie mag es nicht, mit anderen Kindern »aneinander zu geraten«. Nimmt ihr jemand den Platz weg, drängelt sich vor oder stört sie, ist sie eher leise, dreht sich weg oder lässt das andere Kind eben gewähren. Der Anweisung oder Bitte der Erwachsenen, doch den anderen Kindern zu sagen, wenn ihr etwas nicht passt oder sie etwas nicht möchte, kommt Sila fast nie nach.

An dieser Stelle gäbe es etwa die Möglichkeit, Sila konkret vorzusprechen, was sie sagen kann. »Wenn Finja dir den Platz wegnimmt, kannst du sagen: ›Ich möchte das nicht!‹« Es hilft, zusätzlich mit Sila zu überlegen, in welchen Situationen ihr etwas unangenehm ist, und zu schauen, welcher Satz ihr konkret helfen würde. Ist auch das noch schwierig, kann man ihr als anwesende Bezugsperson anbieten, eine kleine Geste zu vereinbaren, wenn sie unsere Hilfe benötigt oder ihr etwas unangenehm ist – ein Tippen auf die Nase, ein Handheben. Etwas, was für sie passt. Eine weitere Möglichkeit besteht darin, ähnliche Szenen mit Kuscheltieren durchzuspielen. Das Kind nimmt die Rolle des Beraters ein und gibt dem Kuscheltier Ratschläge, was es in diesem oder jenem Moment tun könnte.

»Ist alles gut?« – Wie wir unsere Kinder im Umgang mit ihren Gefühlen unterstützen

Wir möchten unsere Kinder glücklich sehen. Sind sie dennoch einmal traurig, verletzt, ängstlich oder enttäuscht, ist das für uns als Eltern oft nicht leicht auszuhalten. Der erste Reflex ist hier häufig, unser Kind abzulenken und das Geschehene herunterzuspielen, damit es dem Kind wieder gut geht. »Oh du bist hingefallen. Möchtest du mit mir einen Keks essen, dann geht es dir gleich besser?« oder »Ach guck mal, das war doch nur eine Sandburg. Ist doch nicht so schlimm. Wir bauen einfach schnell eine neue.« oder »Du brauchst doch keine Angst zu haben. Das ist doch nur ein Pferd.«.

Wie bereits an anderer Stelle erwähnt: Spielen wir die Gefühle herunter oder lenken zu schnell ab, suggeriert es dem Kind zusätzlich, es sei besser, Gefühle nicht allzu sehr zu zeigen, sondern besser schnell »loszuwerden«, als hätten sie keine Berechtigung. Im schlimmsten Fall führt das dazu, dass es diese dauerhaft unterdrückt oder aber sich das Gefühlte irgendwann anstaut und in einem großen Gefühlsschwall herausplatzt. Denn ein Gefühl, was nicht raus darf, ist nicht weg. Es ist einfach nur unterdrückt.

Oft kann man auch beobachten, dass Eltern im Gegenteil auf die Gefühle des Kindes noch ihre eigenen mit »aufladen«. »Das ist ja wirklich richtig schlimm, dass Katharina mit dir gestritten hat. Das fände ich auch furchtbar. Und das, wo ihr doch sonst so gute Freunde seid. Das dauert sicher ein paar Tage bis ihr euch wieder vertragen habt.« Oder »Oh nein, der Sturz sah wirklich schlimm aus. Das tut sicher richtig arg weh. Und bluten tut es auch. Komm mal her, du Armer.«.

Dramatisieren wir eine Situation, indem wir noch mehr leiden als es das Kind schon tut, steht das Kind vor der unlösbaren Aufgabe, nicht nur die eigenen Gefühle irgendwie handhaben zu müssen, sondern auch noch zusätzlich die des Elternteils. Dies führt nicht selten zu einer vollkommenen Überforderung mit der Situation.

Was leider in beiden Fällen passiert, ist Folgendes: Unser Kind lernt, dass seine Gefühle scheinbar nicht richtig sind. Dass es entweder zu viel reagiert oder aber zu wenig. So oder so: Das, was es fühlt, ist scheinbar nicht in Ordnung.

Wann immer unser Kind in einer Situation wütend, traurig, ängstlich, enttäuscht oder verletzt ist oder sonst emotional reagiert, ist es nicht unsere Aufgabe, diese Gefühlslage für unser Kind zu regeln und aufzulösen, sondern vielmehr, ihm das Werkzeug an die Hand zu geben, das es braucht, um auf Dauer eigenständig solche Situationen meistern zu können. Und: einfach an seiner Seite für es da zu sein.

Dafür bedarf es nicht mehr, als zunächst einmal durchzuatmen. Durchzuatmen und zu schauen: »Was ist gerade passiert? Braucht mein Kind gerade wirklich mich, um durch diese Situation zu kommen oder schafft es das gut alleine?« Braucht es unsere Unterstützung, können wir ruhig zu unserem Kind gehen und es fragen, was passiert ist – sofern es so alt ist, dass es das schon verstehen und verbalisieren kann. Oder auch ein »Oh, da bist du gestolpert« anbringen – das gibt erst einmal nur wieder, was wir beobachtet haben, ohne es zu bewerten. Es lohnt sich, unserem Kind von klein auf zu vermitteln: »Ich traue dir zu, dass du viel schaffst. Wenn du doch einmal meine Hilfe brauchst, bin ich für dich da.«

Dies betrifft nicht nur Situationen, in denen sich Kinder verletzen, sondern auch, wenn sie etwa wütend einer anderen Person gegenüber reagieren. Wir sollten ihnen immer die Chance geben, sich zu erklären, soweit sie dies schon können.

> Florian steht auf dem Spielplatz. Aus einigen Metern Entfernung sieht seine Mutter ihn einen anderen Jungen mit Sand bewerfen.
> Sie geht zu ihrem Sohn und kniet sich neben ihn. »Florian, leg bitte sofort die Schaufel runter. Schau mal, Jens hat jetzt Sand im Auge. Das tut ihm weh. Ich möchte, dass du den Sand im Sandkasten lässt. Kannst du mir sagen, was hier gerade passiert ist?«

Wie auch an anderer Stelle erwähnt, bin ich dabei kein Verfechter davon, sich an der Frage »Warum hast du dies oder jenes getan? Warum hast du ... gehauen?« festzubeißen, denn nicht selten können Kinder selbst überhaupt nicht ganz überblicken, was genau zu ihrem Verhalten in einer akuten Situation geführt hat. Es kann gut sein, dass sich im Laufe des Tages aufgrund verschiedener Überforderungs- oder Frustsituationen einfach ein Level an Stress und Unzufriedenheit beim Kind angestaut hat, was jetzt im aggressiven Verhalten endete. Dies wird ein Kind kaum verbalisieren können.

Wir können in solchen Momenten dem Kind die Chance geben, seine Gefühle auszudrücken. Das Wichtigste ist dabei: Wertfreiheit! Wir sollten ehrlich darum bemüht sein, zu erfahren, was passiert ist, um herauszufinden, wie wir unserem Kind helfen können, solche oder ähnliche Situationen auf Dauer anders zu meistern, anstatt ihm Vorwürfe für sein Verhalten zu machen.

»Ich verstehe, dass du es blöd findest, dass Jens deine Sandburg eingetreten hat, Florian. Hast du eine Idee, was du machen könntest, anstatt ihn dann direkt mit Sand zu bewerfen?«

Wir möchten ihm das Handwerkszeug geben, mit den eigenen Gefühlen umzugehen. Dafür ein erster Schritt ist (etwa in kindlichen Konfliktsituationen) das Fragenstellen: »Wie geht es dir gerade?« »Wie fühlst du dich gerade?« »Hast du eine Idee, was du machen könntest, damit es dir besser geht?« »Was meinst du, wie es dem anderen Kind jetzt geht?« Auch Kleinkinder können, sobald sie sprachlich dazu in der Lage sind, meist gut wiedergeben, ob sie etwa sauer oder traurig sind bzw. was grob passiert ist. Das hilft uns, die Situation besser einordnen und gemeinsam mit dem Kind durchsprechen zu können. Auch mit Blick auf ähnliche Situationen in der Zukunft.

Es geht dabei darum, unser Kind durch solche Prozesse zu begleiten, ihm zu helfen, die eigenen Gefühle in Worte zu fassen und Unterstützung anzubieten. Es geht nicht darum, alle Probleme für sie zu lösen – auch wenn das sicherlich vermeintlich schneller und scheinbar unkomplizierter geht. Die Auseinandersetzung mit den eigenen Gefühlen trainiert in hohem Maße die emotionale Intelligenz. Eine Kompetenz, von der man ein ganzes Leben lang profitiert.

Dazu gehört auch, die vermeintlich »kindischen« Ideen der Kinder ernst und wichtig zu nehmen, ihnen bewusst zuzuhören und mit ihnen darüber zu sprechen, ist auch deshalb so wichtig, weil wir uns ja wünschen, dass unsere Kinder, auch wenn sie größer sind, mit uns sprechen, wenn sie etwas bewegt, wenn sie Ideen oder Sorgen haben. Diese Sprachkultur begünstigt in hohem Maße, dass unsere Kinder auch noch im höheren Alter mit ihren Gedanken und Gefühlen zu uns kommen.

»Ein voller Bauch ...« – Der Wohlfühl-Akku

Kinder haben – genau wie wir – manchmal einfach einen schlechten Tag. Was kann man also tun, wenn einfach gerade einmal die Laune »im Keller« ist?

Auch Kinder stehen mal »mit dem falschen Fuß« auf und sind einfach scheinbar grundlos quengelig. Das kennen wir in ähnlicher Form ebenso.

Jeder trägt in sich eine Art Akku, eine Art Wohlfühl-Akku. Sind unsere Grundbedürfnisse befriedigt, haben wir ausreichend gegessen, getrunken, geschlafen, Bewegung an frischer Luft und vor allem: ist unser Akku mit Zuneigung, Liebe und erfahrenem Wohlwollen gefüllt, so sind wir deutlich ausgeglichener, entspannter und zufriedener. Ist dieser Akku jedoch so gut wie leer, sind sowohl Kinder als auch wir in der Regel reizbarer, nörgeln herum und »gehen schneller an die Decke«. Es kann somit gut sein, dass ein Kind, das quengelt und scheinbar grundlos schlecht drauf ist, einfach gerade dringend seinen Speicher an Zuneigung und Liebe auffüllen muss.

Vielleicht mit Knuddeln, Kuscheln und Co. Viele Kinder brauchen dann körperliche Nähe, liebevolle Umarmungen, Streicheleinheiten, ernstgemeinte Komplimente und ungeteilte Aufmerksamkeit. Sie brauchen jemanden, der ihnen zuhört und für sie da ist. All das lädt den Wohlfühl-Akku auf.

Sicher dürfen die Wege, dies zu tun, unterschiedlich sein. Nicht jedes Kind möchte stets und unbändig gern kuscheln. Manchen helfen vielleicht eher ein paar liebe Worte, Anerkennung, ein gemeinsames Spiel oder eine kleine Aufmerksamkeit besser, bald schon wieder mit gefüllter Batterie zu starten. Egal, auf welchem Wege man das Kind beim »Aufladen« unterstützt: Es ist grundsätzlich eine wunderbare Möglichkeit, ein Mehr an Entspannung in den Alltag zu bringen.

Wenn man sich dazu einmal überlegt, was wir bei einem Baby ganz automatisch tun, wenn es weint oder schreit, hat man eigentlich schon die Lösung für viele Momente mit Kindern griffbereit. Wenn ein kleines Baby weint oder schreit, zeigen wir ihm, dass wir alles daran geben, den Grund für sein Unwohlsein herauszufinden. Wir wiegen es im Arm, schenken ihm Nähe und Zuneigung, wir beruhigen es und machen deutlich, dass wir geduldig herausfinden möchten, was es gerade braucht. Dies ist ein ganz instinktives Verhalten. Und das wird nicht weniger wichtig, wenn das Kind älter wird. Zuneigung tut nämlich ein Leben lang gut und gibt zudem ein wichtiges Gefühl von Sicherheit. Es ist demnach unglaublich wichtig, diese Herangehensweise von »Ich möchte herausfinden, was du hast und wie ich dir helfen kann« auch bei den heranwachsenden Kindern beizubehalten.

Dieses »Herausfinden, was los ist« ist für alle Beteiligten leichter, wenn Kinder schon früh lernen, zu benennen bzw. darüber Auskunft geben zu können, wie es ihnen gerade geht. Der sogenannte »Gefühlswortschatz« ist dafür hilfreich. Er beinhaltet im besten Fall eine wachsende Auswahl an Adjektiven, mit denen wir beschreiben können, wie wir uns fühlen – und zwar im Positiven wie auch im Negativen. Wenn ich Wörter wie »erschöpft«, »müde«, »gelangweilt«, »wütend« schon früh unterscheiden und verwenden kann, kann ich – ab einem gewissen Alter – meinem Gegenüber besser mitteilen, was gerade mit mir los ist. Diese Fähigkeit hilft auch dabei, herauszufinden, was helfen könnte, dass ich mich wieder besser fühle.

Interessanterweise nennen die meisten Menschen auf die Frage, welche Adjektive Gefühlslagen beschreiben, meist größtenteils die Wörter mit negativem Inhalt. Positiv besetzte Wörter wie »entspannt«, »fröhlich« oder »begeistert« hingegen fallen deutlich seltener. Das ist oft darauf zurückzuführen, dass man sich eher mit anderen austauscht, wenn etwas nicht so gut läuft, als dass man über besonders positive Gefühle explizit sprechen würde. Umso wichtiger ist es, vor den Kindern genau diese positiven Gefühlsbeschreibungen in ihrer breiten Vielfalt zu verwenden, damit sie diese ebenfalls lernen und anwenden können.

Mit Blick auf die Kindererziehung und die Kommunikation in der Familie bedeutet das: Wenn ich möchte, dass mein Kind seine Gefühle beschreiben und über diese sprechen kann, helfe ich ihm am besten, diesen Gefühlswortschatz zu erweitern. Das tue ich (wie auch beim »Bitte«- und »Danke«-sagen), indem ich es vormache. Wenn mein Kind also erlebt, dass Mama sagt: »Oh, das ist richtig entspannend hier mit dir auf dem Sofa zu kuscheln.«, oder Papa sagt: »Mein Tag war so anstrengend. Jetzt bin ich ganz erschöpft und brauche eine Pause«, dann erfährt mein Kind nicht nur etwas darüber, wie es uns aktuell geht, sondern ich erweitere ganz nebenbei auch den Gefühlswortschatz meines Kindes.

> Kann das Kind seine Gefühle in Worte fassen, kann es etwa vorhandener Wut besser Luft machen.

Wenn es konkret benennen kann, was gerade mit ihm los ist und es seine Wut in Worte fassen kann, braucht es nicht alternativlos in Schimpftiraden auszubrechen oder zu schreien.

»Guck mal, eine Schnecke!« – Das wunderbare Tempo der Kinder

Insbesondere kleine Kinder haben ihre ganz eigene Geschwindigkeit. Gefühlte Stunden können sie eine Schnecke oder ein Pferd auf der Wiese beobachten – oder immer wieder denselben Stein anheben, um zu schauen, ob darunter nicht doch eine Ameise sitzt. Für jeden noch so kleinen Pfützenhüpfer halten sie an. Beim Spaziergang wechseln sie spontan die Laufrichtung, nur um dann erneut vor einer (für uns unscheinbaren) Kleinigkeit zu verharren.

Das mag manchmal anstrengend für uns sein, doch ich kann nur jede/n ermutigen – wann immer die Zeit da ist –, sich vollkommen dem Tempo des Kindes anzupassen und bei einem »Kinderspaziergang« mitzulaufen. Verzichten wir ganz bewusst beim Spaziergang auf Sätze wie »Komm, Matteo, weitergehen!« oder »Matteo, kommst du? Schau mal da vorne ist ein …!«, können wir von den Kindern Vieles lernen: Denn Kinder schaffen es, Spannendes, Faszinierendes und winzige Details in ganz einfachen Dingen zu sehen, die wir als Erwachsene häufig gar nicht mehr als solche wahrnehmen, wenn wir – gestresst und unter Dampf – von Termin zu Termin laufen.

Eine »zügige Runde mit dem Kind im Buggy« gilt selbstverständlich nicht als »Kinderspaziergang«. Sie mag uns als Eltern das beruhigende Gefühl geben, dass das Kind »an der frischen Luft« war, was ja auch stimmt und durchaus auch seine Berechtigung hat. Dennoch hat es mit einem Spaziergang im Sinne des Kindes, meist wenig zu tun.

> Gerade das entschleunigte Spazierengehen im Kindertempo birgt eine ganze Fülle von Lernmomenten in sich. Deshalb gilt: Wenn die Zeit es zulässt – Tempo runter!

Ein wunderschönes Gedicht[2] von Jutta Richter finde ich zu diesem Thema sehr passend:

Der Engel der Langsamkeit

Ein Engel hat immer für dich Zeit,
das ist der Engel der Langsamkeit.

Der Hüter der Hühner, Beschützer der Schnecken,
hilft beim Verstehen und beim Entdecken,
schenkt die Geduld, die Achtsamkeit,
das Wartenkönnen, das Lang und das Breit.
Er streichelt die Katzen, bis sie schnurren,
reiht Perlen zu Ketten, ohne zu murren.

Und wenn die Leute über dich lachen,
und sagen, du musst doch schneller machen,
dann lächelt der Engel der Langsamkeit
und flüstert leise: Lass dir Zeit!
Die Schnellen kommen nicht schneller ans Ziel.
Lass den doch rennen, der rennen will!

Ein Engel hat immer für dich Zeit …

Er sitzt in den Ästen von uralten Bäumen,
lehrt uns, den Wolken nachzuträumen,
erzählt vom Anbeginn der Zeit,
von Sommer, von Winter, von Ewigkeit.
Und sind wir müde und atemlos,
nimmt er unsren Kopf in seinen Schoß.
Er wiegt uns, er redet von Muscheln und Sand,
von Meeren, von Möwen und von Land.

Ein Engel hat immer für dich Zeit …

Lassen wir uns – ohne Handy und ohne sonstige Ablenkung – vollkommen auf das Tempo unseres Kindes ein, sei es bei einem Spaziergang oder einer anderen Beschäftigung – kann es gut sein, dass wir anfangen, selber auch wieder kleine Dinge wahrzunehmen, die uns vorher gar nicht mehr aufgefallen wären. Plötzlich erkennt man wieder, welch wundersame Gestalten sich in Wolken, in jedem einzelnen kleinen Popcorn und in angeknabberten Apfelstücken entdecken lassen. Wie viele

---

2 Aus: Jutta Richter/Susanne Janssen, An einem großen stillen See
© 2003 Carl Hanser Verlag GmbH & Co. KG, München
Mit freundlicher Genehmigung von Carl Hanser Verlag

spannende Fahrzeuge unterwegs sind. Wenn sich unser Blick verändert und die Spülbürste zur Waschanlage wird, das Salatbesteck zu den Bootspaddeln und das Bonbonpapier zur Blume im Haar, sind wir in der wunderbaren Welt der Kinder schon ein Stück weit angekommen.

Kinder gehen so erfrischend unvoreingenommen und mit einem so offenen Blick durch die Welt, dass wir uns glücklich schätzen können, daran teilhaben zu dürfen. Kinder bieten uns die grandiose Möglichkeit, noch einmal in ihre Welt einzutauchen und all die tollen Dinge zu sehen, die sie sehen. Denn nicht nur die Kinder lernen von uns – wir können ebenso viel von ihnen lernen. Diese Chance sollten wir nutzen – wann immer es geht.

Zu 100 Prozent beim Kind präsent zu sein, heißt dann auch, sämtliches Multitasking abzustellen. Wenn Eltern sagen »Ich habe ja mit meinem Kind gespielt, aber das war dann auch ganz schnell langweilig«, würde ich behaupten, dass sie nicht 100-prozentig bei der Sache waren. Es gibt einen Unterschied zwischen »beim Kind zu sein, wenn es spielt« oder »mit dem Kind zu spielen«. Ersteres ist, als würden wir auf einem Stuhl neben dem spielenden Kind sitzen und nur kommentieren, was es tut. Spielen wir wirklich MIT dem Kind, sitzen wir neben ihm auf dem Boden, ein Rennauto in der Hand, kleben (vielleicht sogar begeistert von der eigenen Idee) eine Klebeband-Straße auf den Boden, um diese laut hupend zu befahren. Wenn wir einfach loslassen und gar nicht mehr merken, dass wir »so tun als ob«, dann sind wir beim Kind angekommen.

Und natürlich gibt es wohl für jede Mutter und jeden Vater irgendwann den Punkt, an dem die Motivation sinkt, zum 263. Mal voller Begeisterung das Kind zu suchen, das sich hinter den eigenen Händen versteckt hat oder das »Kuckuck-wo ist der kleine Käfer«-Buch zu lesen. Dennoch, und wenn es nur ein paar bewusste Momente am Tag sind: Die Welt der kleinen Kinder ist eine faszinierende Welt ohne Stress, Vorurteile und Termine – und somit schon ein kleines (Spiele-)Paradies. Ich kann nur jedem ans Herz legen, die Einladung dorthin anzunehmen. Nicht nur unsere Kinder wachsen dann mit und durch uns. Auch wir wachsen durch unsere Kinder – wenn wir es zulassen wirklich wieder einmal vollkommen präsent zu sein.

Kinder lehren uns tolle Dinge: Gelassenheit, Spontaneität, Staunen, Verrücktsein, Andersdenken, Ruhe. Und nicht zuletzt das Wichtigste: bedingungslose Liebe.

»Freitags ist Spaghetti-Tag!« – Wie Familienrituale Sicherheit geben

Feste Rituale geben Sicherheit. Damit ist nicht ein strikt und unumstößlicher Tagesablauf gemeint. Das gestaltet sich meist ohnehin schwierig, denn Kinder durchleben Phasen. Phasen, in denen sie mehr Schlaf brauchen, weil sie im Schlaf unglaublich viel verarbeiten müssen und nachts eine unglaubliche Menge an neuen Verknüpfungen im Gehirn entsteht. Phasen, in denen Kinder unsicher sind, in denen sie mehr an Mama oder Papa klammern. Phasen, in denen andere Dinge, z. B. emotionale Dinge, sehr viel wichtiger sind als etwa feste Essenszeiten. Wenn zum Beispiel das Kind gerade etwas Emotionales erlebt hat, das es erst einmal einordnen muss oder das es noch sehr bewegt.

Egal wie alt das Kind ist, egal in welcher Phase es dann steckt: Beziehung geht immer vor Erziehung und festen Regeln. Beziehung ist die absolute Basis für alles.

> Eine schöne Möglichkeit, die Beziehung zu stärken, ist eine »Intensiv-Zeit« als tägliches Ritual mit dem Kind.

Eine Zeit ohne Handy, ohne Fernseher, ohne Haushalt und Multitasking. Zeit, um nur mit dem Kind gemeinsam etwas zu machen – ob es »nur« ein Memoryspiel ist oder das gemeinsame Anschauen eines Fotoalbums. (Letzteres lieben übrigens fast alle Kinder.)

Auch kleine Rituale schaffen Sicherheit. Der Gute-Nacht-Kuss, das morgendliche gemeinsame Müslimachen, die kleine Mittagspause auf dem Sofa ... Später begeistern sich Kinder natürlich für die Rituale, die Besonderheiten mit sich bringen: Immer, wenn es Zeugnisse gibt, gehen wir essen. Immer freitags ist bei uns Spaghetti-Tag. Einmal im Monat ist Papa-Sohn-Tag ... usw.

Vielen – auch älteren Kindern – ist das allabendliche Am-Bett-sitzen von Mama oder Papa besonders wichtig. Einfach, um gemeinsam den – manchmal ja doch recht vollen und mitunter hektischen – Tag Revue passieren zu lassen ... und sicher auch um zu hören, dass Mama oder Papa sich auf den nächsten gemeinsamen Tag freuen.

Hier bietet sich ein ganz wunderbares Ritual an (das gerne auf den ganzen Tag erweitert werden darf), doch in einem abendlichen Moment der Ruhe oft auf besonders offene Ohren trifft: das Verbalisieren von Zuneigung. Heißt konkret, unserem Kind zu sagen, wie viel es uns bedeutet:

- »Es war so schön heute mit dir, als wir zusammen …«
- »Ich bin ganz stolz, dass du heute …«
- »Ich freue mich schon auf morgen!«
- »Ich liebe dich!«
- »Du bist toll!«
- »Du bist mutig!«
- »Du kannst immer zu mir kommen, wenn etwas ist!«

So wie wir es doch auch gerne hören möchten.

»Ich brauch mal 'ne Minute« – Entspannte Eltern

Eltern zu sein ist toll. Doch Eltern zu sein kann eben auch wirklich unfassbar anstrengend sein. Denn seien wir einmal ehrlich: Man gibt ein altes Leben voller Freiheiten und Spontaneität auf und tauscht es ein gegen ein wundervolles Leben mit einem oder mehreren zuckersüßen kleinen duftenden Babys (die irgendwann zu zuckersüßen etwas größeren vollgesandeten und verschmierten Kleinkindern heranwachsen), für die wir jederzeit die Welt aus den Angeln heben würden und die uns mit einem Blick schmelzen lassen können ... Aber die uns eben auch so richtig und vollkommen rundum an unsere Grenzen bringen – an die Grenzen unserer Energie, unserer Belastbarkeit, unserer Geduld. Und man würde für nichts auf der Welt tauschen, aber dennoch ... es macht uns nicht zu schlechten Eltern, wenn wir uns ab und zu eingestehen, dass es vorher vielleicht manchmal einfacher war und irgendwie auch ganz nett, einfach einmal spontan Essen zu gehen, ohne dass man während der Autofahrt ein schreiendes Kind beruhigt, beim Essen keine drei Minuten sitzen bleiben kann, weil der kleine Racker mal wieder auf Erkundungsreise ist und man irgendwann merkt, dass der Kellner einen nur deshalb anstarrt, weil die Stilleinlagen ihr Versprechen nicht gehalten haben oder Babyhandabdrücke über das »schicke« Hemd verteilt sind.

Es ist aber natürlich zauberhaft, wenn ein kleines Kind von Erklärungen begleitet im Alltag begeistert Neues in sich aufsaugt und wir förmlich sehen können, wie sein Horizont sich erweitert und es die Welt – auch dank unserer grandiosen Ideen – mit allen Sinnen entdeckt. Gleichwohl sei es jedem Elternteil zugestanden, dass nach dem 30. Durchlauf im Holzkaufladen von »Welches Eis möchtest du denn kaufen? Ach, noch einmal Vanille.« irgendwann die Motivation sinken darf und es auch Momente gibt, in denen wir auf den Hagel der Warum-Fragen eines Kleinkindes einfach nicht liebevoll in uns ruhend reagieren können, weil wir einfach gerne diesen (inzwischen kalten) Kaffee trinken möchten.

Das ist in Ordnung. So abgöttisch wir unsere Kinder lieben, wir sind auch Menschen mit Bedürfnissen und ja, Grenzen. Wir müssen mit unseren Energien haushalten und schauen, wie wir unseren eigenen Akku so weit gefüllt halten oder aufladen können, dass wir genug Kraft haben, um entspannt, ausgeglichen und ruhig reagieren zu können. Denn Elternsein ist ja bekanntlich nicht nur EIN Job – wir sind Projektmanager/innen, Ärzt/innen, Zauberer, Köch/innen, Gärtner/innen, Ernährungsberater/innen, Pädagog/innen, ... Alles in einem. Und das 24 Stunden am Tag. Dass da Momente auftauchen, in denen wir einfach die Contenance verlieren, sei uns verziehen. Schauen wir uns einige Möglichkeiten an, wie wir mit den eigenen Energien im Alltag mit Kind haushalten können.

Zunächst einmal können wir als Eltern einigen Konflikten konkret vorbeugen, indem wir schauen, ob es Situationen im Alltag mit unserem Kind gibt, bei denen es vermehrt zu Stress und Quengeleien kommt. Ist beispielsweise das morgendliche Bereitmachen für den Kindergarten immer recht stressig, weil zeitlich knapp, könnten wir

1. bewusst mehr Zeit dafür einkalkulieren,
2. all unsere Dinge, die wir sonst morgens erledigen müssten, schon – soweit möglich – am Abend davor erledigen oder zumindest bereitlegen,
3. die Dinge der Kinder (wie etwa die Kleidung) bereits am Abend zuvor vorbereiten und an fest vereinbarte Orte herauslegen,
4. Brotdosen und Co. vorbereiten und
5. den Ablauf mit unserem Kind zuvor wiederholt durchsprechen, um Diskussionen dazu vorzubeugen, was denn nun wann ansteht.

Auf diesem Weg sind die Momente, die eben häufig unser inneres Stresslevel steigen lassen, schon einmal etwas abgeschwächt. Zusätzlich können wir Bewegungselemente mit den Kindern nutzen, wenn wir gerade wirklich möchten, dass etwa unsere Tochter endlich den Weg in ihren Schlafanzug findet. »Pass auf, Charlie. Wir machen das so: Du hüpfst zwei Mal, ziehst dann die Hose an. Dann drehst du dich zwei Mal im Kreis und springst in das Oberteil. Dann schleichen wir ins Bad zur Zahnbürste.«

Kinder neigen übrigens auch in Wutmomenten ohnehin zum Hüpfen, Rennen oder dazu, auf irgendeine Weise in die Bewegung zu gehen. Diesem Instinkt dürfen wir gerne nachgeben. Auch für uns. Bewegung heißt demnach, dass wir uns selbst manchmal einen Moment gönnen dürfen, um uns an der frischen Luft die Beine zu vertreten. Und wenn wir nur etwas frischen Sauerstoff draußen einatmen. Die meisten Erwachsenen wissen, dass ein Spaziergang an der frischen Luft nach einem Streitgespräch dazu führen kann, wieder »herunterzukommen«. Und wenn es tatsächlich nur wenige kurze Momente sind, die wir für uns alleine haben – sie sind Gold wert. Denn wir brauchen das Gefühl, auch einmal alleine zu existieren – ohne Kind auf dem Arm, auf dem Schoß, am Bein klebend. Wir dürfen uns diese Momente bewusst nehmen.

Wir müssen die Kinder nicht konstant »bespaßen«. Sie dürfen und sollten sich auch allein beschäftigen. Das ist nicht nur in Ordnung, sondern sogar wichtig für sie. Und für uns eben auch.

Insbesondere Eltern, die einen hohen pädagogischen Anspruch an sich selbst haben, neigen dazu, ein enorm schlechtes Gewissen zu haben, sei es, weil sie eben nicht genug mit dem Kind gespielt haben, zu wenig Zeit hatten, sich im Ton vergriffen, nicht frisch gekocht oder das Gefühl haben, einem Kind nicht gerecht geworden zu sein. »Das schlechte Gewissen haben die Mütter erfunden«, pflegt meine Oma zu sagen.

Manchmal hilft es, sich bewusst zu machen, dass wir (jetzt einmal überspitzt gesagt) nicht gleich die ganze Kindheit unseres Sprösslings zerstören, wenn wir ein paar Mal zu laut werden, wenn wir das Kind sporadisch vor dem Fernseher »geparkt« haben, man vor lauter Dreckswäsche den Boden nicht mehr sieht oder das Kind mittags nur kalte Pommes gegessen hat. Wir geben unser Bestes, doch wir haben ebenso Grenzen. Und wir sind nicht dafür da, um den Preis für die Eltern des Jahres oder die aufgeräumteste Wohnung der Welt zu gewinnen. Wir sind da, um unsere Kinder zu lieben. Bedingungslos. Das tun wir. Alles andere ist die Kür.

Sollten wir wirklich einmal an den Punkt kommen, dass unser Akku scheinbar auf Notstrom läuft, können wir uns die Frage stellen, ob es Dinge im Alltag mit der Familie, mit den Kindern gibt, die wir löschen können. Was können wir an Terminen wegfallen lassen, ohne dass jemand darunter leidet, ohne dass das eigene Stresslevel noch höher wird? Was können wir »herunterschrauben«, um weniger Termine, weniger Gerenne, weniger Zeitstress und Druck zu haben? Gibt es Verabredungen, die ohnehin eher Energie ziehen, als dass sie uns gut tun? Dann dürfen diese radikal ausradiert werden. Es ist unser Leben, unsere Familie, unsere Kinder. Wir entscheiden, wie wir das gestalten möchten, was wirklich wichtig ist, was uns im Idealfall gut tut.

Heißt auch, dass wir uns an der einen oder anderen Stelle fragen: Wo kann ich mir Unterstützung herholen? Wer kann mir vielleicht beim Kochen etwas abnehmen? Könnte jemand unseren Einkauf mitbringen? Kann jemand anderes den Sohn einmal die Woche mitnehmen zum Tennis? Um Hilfe zu fragen, ist eine wichtige Fähigkeit, und ein Zeichen von Intelligenz, nicht von Schwäche.

Eine weitere Tatsache, die wohl alle Erwachsenen (sobald sie Kinder haben) irgendwann schmerzhaft lernen, ist, dass Schlafentzug eine Foltermethode ist. Wenn wir nicht ausreichend schlafen, laufen wir quasi leer. Wir können nicht richtig denken, wir vergessen Dinge, wir werden schneller emotional, ungeduldig und – seien wir einmal ehrlich – auch echt schnell unausstehlich. Schlaf ist ein absolutes Grundbedürfnis. Wir sollten ihm diesen Wert nicht absprechen. Heißt konkret: Schlaf sollte uns heilig sein. Schlaf brauchen wir, um klarzukommen. Damit Schlaf erholsam ist, gehören Smartphone, Tablet und Co. mindestens eine Viertelstunde vorm Zubettgehen ausgeschaltet. Unser Gehirn braucht die Zeit, um herunterzufahren. Grundsätzlich sollten wir Schlaf eisern priorisieren. Denn damit steht und fällt häufig die Stimmung in der Familie.

Ich kenne viele Eltern, insbesondere Mütter, die die Grenzen ihrer Kinder wunderbar im Blick haben, jedoch die eigenen wenig beachten, die sich nicht trauen, klar »Nein« zu sagen, wenn sie nicht mehr können, ihnen etwas unangenehm oder zu viel ist.

Achten wir bewusst auf unsere eigenen Grenzen, ist das für uns selbst ebenso wichtig, wie für unsere Kinder, die auf diesem Wege lernen: »Aha, wenn Mama nicht mehr kann, holt sie sich Unterstützung.« oder »Wenn Papa eine Pause braucht, dann achtet er darauf, dass er Zeit findet, sich kurz zu erholen.« – Sie erkennen, dass es wichtig ist, die eigenen Grenzen wahrzunehmen und sich um sich selbst zu kümmern.

»Und nochmal durchsaugen ...« – Wie Haushalt mit Kind funktionieren kann

Wir haben als Eltern jede Menge zu tun – besonders im Haushalt kann man meist gegen Wäsche, dreckiges Geschirr, Sand auf dem Boden, leergeräumte Schubladen und schmierige Gegenstände kaum ankämpfen. Da können wir durchaus den Vorteil nutzen, dass schon von klein auf die meisten Kinder Interesse an täglichen Haushaltstätigkeiten zeigen. Schon Krabbelkinder finden Besen, Staubsauger, Schneebesen und Spülbecken ungemein spannend. Schwämme und Staubwedel sind ebenfalls immer interessante Objekte: »Wenn Mama und Papa das so oft machen, ist das doch bestimmt toll«, ... sofern die Eltern nicht immer über die viele Hausarbeit nörgeln und stöhnen.

> Wieder frei nach dem Motto: Was ich aktiv vorlebe, wird mein Kind nachmachen.

Je mehr ich das Kind von klein auf spielerisch mit in die Haushaltstätigkeiten einbinde, desto eher wird es erstens sehen und verstehen, was Mama oder Papa da den ganzen Tag machen, zweitens wird es bald schon selbst(-ständig) Dinge erledigen können. Wenn die Alltagsarbeit integrierter Teil unseres gemeinsamen Spiel-Tages ist, lassen sich all die vielen Dinge auf sehr praktische Weise verbinden und ich muss als Mutter oder Vater nicht, während ich den Haushalt erledige, noch das Kind mit Spielzeug bei Laune halten.

Eine Sprühflasche mit Wasser und Schwamm, ein kindgerechter Besen, ein eigener Staubwedel, … führen gerne einmal dazu, dass der Haushalt sozusagen »gemeinsam erledigt« werden kann. Sie nehmen uns vielleicht sogar die eine oder andere Arbeit mit Freuden ab.

Das geht nun sicher nicht immer, nicht im Eiltempo und sicher auch nicht perfekt, im besten Fall aber mit einer Prise Spaß. Lustige Quatschlieder für jede Tätigkeit können ebenfalls Wunder wirken. Und manchmal hat man dann als Elternteil selbst auch etwas mehr Spaß. Dass die Kinder sich dann als sinnvolle Helfer/innen wahrnehmen, tut ihrem Selbstwert zusätzlich ausgesprochen gut. Wie gesagt, schon kleine Kinder helfen gerne im Haushalt.

Umgekehrt: Wenn ein Kind immer wieder hört, dass es zu lange brauche und doch nur störe, dass es das noch nicht könne etc., wird es später ziemlich sicher nicht mehr mithelfen wollen. Die negative Erfahrung, unerwünscht (oder »zu langsam!«) zu sein, hat sich irgendwann als Motivationskiller tief verankert. Trifft der Moment des »Ich möchte das selber schaffen« zu häufig auf Eltern, die genervt reagieren, die ungeduldig sind und das Kind in seinem Vorhaben, eigenständig zu sein, unterbrechen, sind die Folgen mitunter immens. Im schlimmsten Fall verliert ein Kind den Wunsch, von sich aus Neues zu entdecken, selbstständig zu sein, sowie den Glauben an die eigene Selbstwirksamkeit. Das gilt selbstverständlich nicht nur für die Hilfe im Haushalt, sondern für alle Tätigkeiten, bei denen das Kind mit »anpacken« darf.

Hinzu kommt ein weiterer Effekt: Wer früh (wie etwa hier beim Kochen) mithilft, wird mit großer Wahrscheinlichkeit später einmal eine bewusstere Ernährungsweise an den Tag legen als ein Kind, das nicht von klein auf fröhlich in der Küche mitgerührt und geschnippelt hat. Natürlich geht mehr daneben, wenn ein Kind rührt. Es wird gekleckert. Und natürlich haben die Kekse am Ende noch eine eher »kreative« Form. Aber das ist eben »learning by doing«. Und: Je häufiger ein Kind mithilft, umso geschickter wird es.

Die Pädagogin Maria Montessori fordert in einem ihrer grundlegenden Leitsätze auf: »Hilf mir, es selbst zu tun.« Dieser Satz passt gut auf die oben beschriebenen Momente.

Je häufiger mein Kind die Chance hat, eigenständig etwas zu schaffen (ohne dass jemand dazwischengreift oder über die Maßen kommentiert, wie es das »am besten« machen soll), desto größer werden Erfolgserlebnis und Lernerfolg.

Diese kleinen Erfolgserlebnisse wirken sich auch auf das Vertrauen an die eigene Selbstwirksamkeit aus, was wiederum für das weitere Leben ein großer Gewinn ist – um sich Dinge zuzutrauen, für das Lernen und um in die eigenen Stärken zu vertrauen.

Psst, spielende Kinder! – Warum Lernen und Spielen dasselbe ist

Lernen. Lernen ist erstmal für viele per se kein Wort, das sie innerlich Luftsprünge machen lässt. Lernen ist für viele Erwachsene gekoppelt an Gefühle wie Druck und Stress.

Dabei ist Lernen eigentlich genau das Gegenteil. Wir kommen auf die Welt als Lernwesen. Heißt: Jedes Kind, das geboren wird, hat erst einmal den unbändigen Drang, neue Dinge zu lernen, zu erforschen, zu entdecken und wie ein kleiner Schwamm in sich aufzusaugen. Kinder lernen innerhalb eines Jahres so unfassbar viel: eine komplett neue Sprache, vollkommen neue Bewegungsabläufe, Logiken und Zusammenhänge. Die kleinen Gehirne sind Meisterwerke an neuronalen Verknüpfungen.

Das Zauberwort für das Lernen ist dabei spannenderweise eines, das quasi den Gegenpol zu Druck und Stress bildet.

 Das Zauberwort für das erfolgreiche Lernen heißt: Begeisterung!

Kleine Kinder können sich im Laufe eines Tages für viele Kleinigkeiten begeistern, für kleine Abläufe, die ihnen plötzlich gelingen, für kleine Dinge, die sie entdecken. Diese Momente der Begeisterung sind der Schlüssel zum Lernen.

Kinder sind bereits schlau. Sie können lernen. Sie wollen auch lernen. Das tun sie automatisch- wenn man sie lässt. Es ist daher gar nicht – wie noch viel zu oft angenommen – unsere Aufgabe als Erwachsene, die Köpfe unserer Kinder mit Wissen zu füllen. Es ist vielmehr unsere Aufgabe, sie zu inspirieren und zu ermutigen, sich an Neues heranzutrauen, sich auszuprobieren, Dinge zu entdecken. Wir müssen ihnen zeigen, dass sie wichtig sind, dazugehören, dass sie einen festen Platz sicher haben. Wir müssen sie in ihrer Begeisterung nicht einmal anregen. Wir müssen erst einmal nur darauf achten, sie in dieser nicht zu bremsen.

Spielen. Spielen klingt doch gleich viel besser als »Lernen.« Spannenderweise unterscheiden kleine Kinder nicht zwischen dem einen und dem anderen. Spielen ist essenzieller Teil der Kindheit. In den ersten Jahren nehmen Kinder praktisch alles als Spiel wahr. Ihr natürlicher Forscherdrang und ihre innere Motivation, Neues zu lernen, treiben sie voran.

> Man muss Kinder daher nicht motivieren, man muss sie nicht formen und gezielt fördern – man muss zunächst einmal in ihre Entdeckerfreude, ihre Fähigkeiten und ihr Wissen vertrauen.

Im besten Fall ist das Kind in der Gesellschaft Erwachsener, die ihm nicht ständig Vorgaben machen, sondern es inspirieren und es in seinem Forscherdrang bestärken. Heißt auch, dass wir uns als Erwachsene davon verabschieden sollten, dass ein Kleinkind im Spiel stets so spielt, wie es eine Spielregel vorgibt oder wie wir es uns als Erwachsene überlegt haben. Nur weil Bauklötze zum Bauen da sind, heißt das nicht, dass man sie nicht nutzen kann, um zu üben, wie man sie auf dem Kopf balanciert. Nur weil man ein Memoryspiel eben wie ein Memory spielen kann, heißt das nicht, dass man nicht zunächst einmal schauen kann, wie sich die Karten stapeln oder nach Kategorie sortieren lassen.

Sina sitzt am Esstisch. Mit Begeisterung wickelt sie immer wieder einen Teelöffel in ein Taschentuch ein, packt diesen dann mit den Worten »Oh, ein Geschenk! Was ist da wohl drin?« wieder aus und ruft jedes Mal erfreut: »Oh, ein Löffel! Den brauch ich.«

Tommy hat ein Parkhaus aus Holz. Er sitzt davor, zieht die kleinen Dächer ab und steckt sie wieder hinein in das Parkhaus. Die Autos lässt er völlig unberührt.

Manuela ist zwei Jahre alt. Sie hat Knete geschenkt bekommen. Seit einer Viertelstunde ist sie damit beschäftigt, die vier verschiedenen Knetdosen zu öffnen, die Deckel zu tauschen und auf den Dosen wieder zu verteilen. Mit der Knete kommt sie dabei gar nicht in Kontakt.

In solchen oder ähnlichen Situationen hören Kinder häufig Sätze wie »Wenn du mit dem Löffel fertig bist, kannst du ja was Richtiges spielen.« oder »Sollen wir gleich mal die Autos reinstellen, damit du richtig spielen kannst?«. Doch was heißt »richtig spielen«? oder »Wollen wir dann gleich mal richtig kneten?«. In allen Fällen wird dabei durch die Kommentare das Spiel des Kindes abgewertet. Dabei ist genau diese Fähigkeit der Kinder, Dinge eben spontan anders zu nutzen als ursprünglich angedacht, eine phantastische Eigenschaft. Denn diese Kreativität und Unvoreingenommenheit sind große Talente, die leider häufig ohnehin im Laufe des Lebens und der Schullaufbahn ausgebremst werden.

Im Idealfall darf ein Kind in seinem Tempo und auf seine Art entscheiden, was es gerade lernen möchte. Denn dann gelingt das Lernen um ein Vielfaches leichter.

Friedrichs Papa hat ihm gezeigt, wie man eine Walnuss öffnet, indem man die Walnuss auf den Terrassenboden legt und mit einem Stein darauf klopft, bis die Schale aufspringt. Friedrich beobachtet seinen Vater, versucht es ebenfalls ein paar Mal, hat aber keinen Erfolg. Er scheint wenig interessiert und wendet sich anderen Dingen zu. Gut zwei Wochen später sieht Friedrich wie sein Papa Walnüsse in eine Schale füllt. »Nuss Stein!«, ruft er aufgeregt und steht nur einen Moment später mit einem dicken Stein in der Hand vor seinem Vater. Voller Begeisterung klopft er auf die Nüsse ein, die sein Vater ihm auf den Boden legt. In den nächsten Tagen öffnet Friedrich so mit einer hingebungsvollen Ausdauer einen ganzen Berg an Walnüssen.

Man kann Kinder nicht zwingen, sich für etwas zu begeistern. Die meisten Kinder haben ein gutes Gespür dafür, wann sie für welchen Lernprozess bereit sind. Wir können diese Momente als Eltern begleiten und Anregungen geben, doch:

Die größte Chance Neues zu lernen, hat unser Kind immer dann, wenn es die Möglichkeit hat, den richtigen Moment für die neuen Inhalte und Abläufe selbst zu bestimmen.

Und in diesen Momenten ist es faszinierend zu beobachten, mit wie viel Ausdauer und Begeisterung unsere Kinder sich auf eine Sache einlassen können! Sie sind dann völlig entspannt und gleichzeitig hellwach, versuchen immer und immer wieder, haben eine enorm hohe Frustrationstoleranz und verschwinden oft ganz in dem, was sie nun für sich entdeckt haben. Ihnen dann den Rahmen zu geben, dieses Neue so lange zu wiederholen, bis sie es perfektioniert haben, ist enorm wichtig, um sie in ihrem Forscherdrang nicht zu bremsen! (Und ja, es kann sein, dass das bedeutet, dass ein und derselbe Stapel aus Holzstücken 50 Mal hintereinander aufgebaut und wieder umgeworfen wird. Das gehört dazu.)

Diese Begeisterung, dieser entspannte Zustand, ist der optimale Lernzustand – das gilt übrigens für jedes Alter. Wann immer wir entspannt sind, ist unser Gehirn bereit, neue Verknüpfungen herzustellen und Neues abzuspeichern. Unter Druck, Angst oder in Stressmomenten kann unser Gehirn das nicht leisten.

Das kindliche Spielen und somit auch das kindliche Lernen sind zusammenfassend vor allem durch vier wichtige Dinge geprägt: durch Neugier, Phantasie, Wiederholung und Begeisterung.

»Grrrrr, ich bin ein Drache!« – Der kindliche Spielprozess

Wenn ein Kind spielt, ist es oft scheinbar abwesend. Es hat sich in seine eigene Welt hineingedacht. Kinder lassen sich vollkommen und intensiv auf ihr Spiel ein. Kommt dann ein Erwachsener und sagt gut gemeint: »Ach, du spielst ja toll mit der Ritterburg« oder »Ui, bist du ein Dino?« oder »Ach, du malst ja ein tolles Bild!«, kann es sein, dass der gerade stattfindende Phantasie-Prozess abrupt unterbrochen wird. Passiert das immer wieder, hat das zur Folge, dass das Kind auf Dauer weniger lange auf eine Sache konzentriert bleibt. Wir möchten natürlich alle gerne, dass unsere Kinder sich auch über einen längeren Zeitraum auf etwas fokussieren können, so wie es spätestens in der Schule eine wichtige Grundvoraussetzung ist. Deshalb lassen wir am besten das Kind spielen, bleiben – gerade bei Kleinkindern – entspannt in Reichweite – und tun ruhig andere Dinge. Das Handy sollte dabei allerdings nicht zum Einsatz kommen. Einerseits ist die Gefahr zu groß, dass wir als Erwachsene nicht schnell genug reagieren können, wenn wir tatsächlich einmal sofort eingreifen müssten. Zum Zweiten können viele Kinder es einfach nicht gut haben, wenn ihre Eltern so abwesend scheinen. Abgesehen davon nehmen Kinder in aller Regel die Stimmung ihrer Eltern wahr, wenn diese telefonieren. Diese Stimmung und Tonlage beziehen insbesondere kleinere Kinder dann – irrtümlicherweise – schnell auf sich.

Wenn das Kind den Kontakt sucht, reagieren wir natürlich. Wir sollten aber dem Kind immer die Möglichkeit geben, alleine zu spielen. Das Kind lernt, sich selbst zu beschäftigen, und wir haben vielleicht den einen oder anderen Moment für unsere eigene Erholung. Hat man das Kind bislang nur selten allein spielen lassen, kann es sein, dass man sich gemeinsam etwas herantasten muss, bis es geht. Das kann heißen: Bei der nächsten Spielsession schon einmal etwas weniger reden, dann einmal etwas weiter wegsetzen, beim nächsten Mal beispielsweise kurz sagen: »Ich hole mir schnell einen Kaffee aus der Küche. Ich bin sofort zurück« – und ein paar Minuten rausgehen. (Je nachdem wie alt das Kind ist und wie sicher die Spielumgebung ist, behalten wir natürlich das Kind im Blick!) Wichtig: Das Alleine-Spielen-Können ist essenziell für das spätere Alleine-Beschäftigen-Können.

Klappt es gerade einmal gar nicht mit dem Spielen allein, hört man von vielen Kindern schnell ein »Mir ist langweilig.« Was können wir dann tun? Bei kleinen Kindern bietet man meist etwas zum Spielen an.

> Je älter das Kind ist, desto wichtiger wird es, dass es lernt, diesen Moment der Langeweile auszuhalten bzw. nach und nach zu lernen, ihn vielmehr »kreativ« zu nutzen.

Aus Langeweile entstehen in der Regel die besten Ideen – das darf man vor dem Kind auch betonen. Wenn das Kind – immer wenn ihm langweilig ist – direkt beschäftigt wird (durch Medien oder weil ihm jemand endlos Vorschläge macht), lernt es nicht, sich selbst etwas auszudenken und sich selbst aus diesem Moment aus eigener Kraft herauszuhelfen. Für das spätere Leben ist diese Fähigkeit aber sehr wichtig. Langeweile ist somit keineswegs dramatisch, im Gegenteil. Man muss sie nur zu nutzen wissen. Auch da hilft es manchmal, das Kind genau dazu zu animieren: »Hm, ich sehe, dir ist langweilig. Hast du vielleicht eine Idee, was du jetzt machen könntest?« Man kann auch das Kind spielerisch schauen lassen, ob vielleicht eine gute Idee durch den Raum fliegt, die es schnappen kann.

Wenn wir dem Kind vermitteln, dass Langeweile völlig normal ist (und gemeinsam nach Ideen suchen und clevere Fragen stellen), lernt es, selber Wege heraus zu finden – und erkennt, dass sich aus Langeweile wunderbar Neues und Interessantes ergeben kann.

»Ich hatte das grade!« – Wie das Spiel unter Kindern entspannter wird

Paul ist vier Jahre alt. Er baut seine Kugelbahn auf. Milan (zwei Jahre) sitzt daneben und hält einen großen Spielelefanten in der Hand. Plötzlich ruft Paul laut und wütend: »Nein Milan! Lass das!« Milan hat mit seinem Elefanten einen Teil von Pauls Kugelbahn umgeschubst. Paul baut sie wieder auf. Wenig später dasselbe. Paul ist nun richtig genervt und schreit noch lauter: »NEIN! Milan! Das ist doof!«

Paul beschwert sich. Zu Recht. Er hat gespielt und Milan hat sein Spiel kaputt gemacht. Auch wenn Milan noch kleiner ist, heißt das nicht, dass er nicht verstehen kann, dass es für Paul ärgerlich ist, wenn er dessen Spiel stört. Eine mögliche Reaktion wäre: »Paul, was ist denn passiert, dass du so schimpfst?« Paul erklärt wütend, was los war. »Oh, das ist auch ärgerlich. Das kann ich verstehen, dass du das blöd findest. Soll ich dir helfen, die Bahn wieder hinzustellen?«

Zu Milan gewandt: »Milan, schau mal, Paul baut hier gerade seine Eisenbahn auf. Wenn du auch hier spielen möchtest, bleib bitte mit deinem Elefanten hier auf dem Boden.« Sollte Milan dann erneut einen Anlauf starten, sollte er eine angemessen liebevoll, aber klare Konsequenz erfahren: »Wenn du Pauls Eisenbahn kaputt machst, kannst du hier gerade nicht spielen. Dann setze ich dich zu uns in die Küche und du kannst da spielen.« Paul ist hier übrigens gerade in der »Aufbauphase«, während Milan in der »Umwerfphase« ist – eine Kombination, die schnell für Zündstoff sorgen kann. Paul könnte man zusätzlich vermitteln, dass es andere Möglichkeiten gibt (außer, das störende Kind anzuschreien). Auch das lässt sich lernen.

Geschwistersituationen sind mitunter eine knifflige Angelegenheit. Ist das eine Kind beispielsweise fünf Jahre alt und das Geschwisterchen erst eins oder zwei, dann sind gewisse Konfliktsituationen meist vorprogrammiert. Das kleinere Kind wird mit Sicherheit Situationen nutzen, um das Gebaute, Gemalte oder Gebastelte des älteren Kindes zu zerstören. Natürlich nicht in böser Absicht, sondern einfach, weil das, was der oder die Größere macht, einfach spannend ist. Oder aber weil es eben einfach Grenzen testen möchte.

Jakob (zwei Jahre alt) und seine große Schwester Mira (fünf Jahre) stehen vor ihrer Maltafel. Mira möchte ein Bild malen, aber Jakob malt ihr immer wieder mit wilden Strichen in ihr Kunstwerk hinein. Mira wird sauer: »Geh weg! Du kannst das noch gar nicht! Papaa! Jakob ärgert!«

Was tun? Wir könnten Mira noch einmal erklären, dass Jakob noch nicht so malen kann wie sie. Natürlich aber möchte er auch das tun, was seine Schwester tut. Ein Angebot könnte sein: »Mira, wie wäre es, wenn ihr dieses Bild jetzt zusammen malt? Und ich verspreche dir, dass ich dafür sorge, dass du nachher in Ruhe und alleine dein eigenes Bild malen darfst, ohne dass Jakob dich stört.« Das sollte dann möglichst zeitnah geschehen – und nicht »vergessen« werden.

Die Größeren hören oftmals: »Sei lieb zu deinem Bruder. Der ist noch klein. Der weiß das noch nicht.« Es mag ja sein, dass der kleine Bruder manches noch nicht überblicken kann. Entschuldigen wir das Stören des kleineren Kindes durchweg und signalisieren dem Größeren damit: »Du musst immer Rücksicht nehmen und den Kleinen machen lassen!«, führt das auf Dauer zu einem Ungleichgewicht zwischen den Geschwistern. Was bekanntermaßen wiederum oft dazu führt, dass ältere Geschwister nur noch genervt von den jüngeren sind. Dem lässt sich vorbeugen, indem wir Situationen schaffen, in denen das ältere Kind ungestört malen, bauen, basteln, … kann.

Manchmal helfen schon ein paar konstruktive und motivierende Fragen: »Wenn du in Ruhe basteln möchtest – hast du eine Idee, wo du dich hinsetzen könntest, damit Jakob dich nicht stört?« oder »Magst du an den Tisch gehen, wenn du deine Glitzerperlen aufbaust? Dann kann dein kleiner Bruder dir keine stibitzen.«. Gleichzeitig sind Zeiten wichtig, in denen die Geschwisterkinder gemeinsam etwas tun: Aktivitäten, bei denen nichts kaputtgehen kann und die allen gleichermaßen Spaß machen. Solche Zeiten führen dazu, dass die Geschwister die gemeinsam erlebte Zeit als positiv erfahren und abspeichern können.

Können denn Kinder Konflikte auch untereinander lösen?

 Grundsätzlich ist es ratsam, die Kinder – seien es nun Geschwister oder nicht – in die Lösungsfindung mit einzubeziehen.

»Hast du vielleicht eine Idee, was wir jetzt machen können, wenn ihr beide die gelbe Schüppe haben möchtet?«

Das Trainieren des konstruktiven Fragens ist auch hier der Schlüssel zum Erfolg, weil Kinder sich dadurch zunehmend eigenständig aus Konfliktsituationen herauszuhelfen wissen. Das wiederum reduziert Situationen, in denen wir als Eltern immer und immer wieder schlichten müssen.

> Marius hat Besuch von Felix. Felix möchte natürlich auch mit Marius' Spielzeug spielen, doch der möchte das nicht. »Der soll nicht mit meinen Sachen spielen!«, quengelt Marius laut.

Es wäre schön, wenn wir Marius nachvollziehbar machen könnten, weshalb Felix auch mit seinen Sachen spielen darf, wenn er bei ihm zu Besuch ist. So kann eine ähnliche Situation beim nächsten Mal entspannter ablaufen.

Eine Möglichkeit wäre, Marius klarzumachen: »Weißt du noch, als du bei Felix warst, letzte Woche? Da durftest du doch auch all seine Bauklötze nutzen. Sonst wäre der Besuch bei Felix für dich doch ganz langweilig gewesen ohne Spielsachen. Felix hat dich mit seinen Sachen spielen lassen. Und jetzt ist es andersherum. Felix ist hier und möchte dann auch mit deinen Sachen spielen, sonst ist ihm ja ganz langweilig. Wenn du beim nächsten Mal bei Felix bist, darfst du dafür wieder seine Spielsachen benutzen.«

Einige Konfliktsituationen lassen sich auch bereits im Vorfeld entspannen. Ist etwa ein Besuchskind im Anmarsch, kann man ggf. das eigene Kind fragen, ob es vielleicht ein spezielles Spielzeug in seinem Zimmer gibt, das es vorher lieber wegräumen möchte. Das kann beispielsweise ein Lieblingsteil oder etwas Gebautes sein. Auch hier lernt das Kind u. a. etwas darüber, dass es mit seinen Bedürfnissen ernst (und im Zweifelsfalle in Schutz) genommen wird.

> Clara ist fünf Jahre alt und bekommt Besuch von dem dreijährigen Nachbarsjungen Lukas, der mit ihr spielen möchte. Die letzten Treffen waren anstrengend, weil Lukas noch nicht so spielt, wie Clara das gerne hätte, und sie ihn vermehrt laut zurechtgewiesen hat, auf welche Weise er ein Spiel zu spielen hätte.

> Möchte ich als Elternteil, dass sich mein Kind in Spielsituationen auf gewisse Weise den anderen Kindern gegenüber verhält, kann ich auch dies am besten im Voraus besprechen.

Im Falle von Clara: »Gleich kommt Lukas zu dir. Sicher wird es ganz entspannt heute! Sollte doch einmal etwas sein, könntest du … Wenn ihr einmal Hilfe bei einer Lösung braucht, kannst du mir auch Bescheid sagen.« Bringe ich diese Erklärung erst an, wenn Clara und Lukas bereits angespannt in der Konfliktsituation stecken, führt der bestehende Stress dazu, dass das Gehirn gerade keine Kapazitäten für konstruktive Lösungen hat. Gut gemeinte Vorschläge verpuffen dann häufig in dem Frust der Kinder.

Mit einem vorausgehenden Entgegenwirken von Konflikten sind übrigens keine solchen Sätze gemeint: »Du darfst aber nicht mit Hanna streiten, wenn ihr gleich spielt! Sonst …« Mit diesem Satz nimmt man unfairerweise dem Kind ein Versprechen ab, das es nicht einhalten kann. Wie soll denn ein kleines Kind – oder auch ein großes – absehen können, ob es im Laufe des gemeinsamen Spiels irgendwann

zu Streit kommt? Es liegt nicht einzig in seiner Hand. Genau wie bei uns Erwachsenen auch kann ganz plötzlich ein Streit entstehen – auch wenn man bemüht war, diesen zu vermeiden. Nehme ich einem Kind ein solches Versprechen ab, lasse ich es quasi in eine Falle laufen. Gibt es doch Streit, auch wenn das Kind diesen nicht ausgelöst oder beabsichtigt hat, wird es im schlimmsten Fall noch dafür bestraft, ohne dass sich jemand seine Sicht der Dinge anhört.
Was also alternativ tun?

- Vorbeugen (s. o.), indem ich Dinge gemeinsam mit dem Kind hochstelle: »Gibt es etwas, was wir hochräumen sollen, damit es heile bleibt oder weil es dir wichtig ist?«
- Zusammenhänge erklären: »Wenn du bei Felix bist, darfst du auch mit seinen Sachen spielen. Nachher hast du wieder all deine Sachen für dich«
- oder einfach, indem ich beiden Kindern wertfrei zur Seite stehe, wenn sich Konflikte anbahnen.

Wertfrei deshalb, weil schon bei Kleinkindern häufig die Beschreibungen ein und derselben Situation weit auseinanderliegen können. Wer schon einmal von zwei Kindern, die sich gestritten haben, unabhängig voneinander gehört hat, wie sich der Streit zugetragen haben soll, weiß, was »Verzerrung« bedeutet. Wichtig hier: Nur weil sich die Beschreibungen unterscheiden, heißt das nicht, dass eines der Kinder die Unwahrheit sagt! Jedes Kind nimmt die Situation einfach aus seinem eigenen Blickwinkel aus wahr.

Malia und Juna sitzen im Sandkasten. Es gibt Streit. Malia ruft: »Juna hat mir meine Schaufel einfach weggenommen, als ich noch damit gespielt habe!«
Juna ist empört: »Nein, so war das nicht! Die Schaufel lag da und du hast nicht damit gespielt!«

Wer sagt die Wahrheit? Ganz einfach: Beide. Genau wie wir Erwachsenen nimmt jeder eine Situation eben nur aus seiner Sicht heraus wahr. Malia hat die Schaufel – wenn auch gerade nur in Gedanken – noch genutzt. Für Juna lag die Schaufel dort und war somit definitiv freigegeben.

> Sich bewusst zu machen, dass es immer wieder Situationen geben wird, in denen wir nicht sicher sagen können, was wirklich bei einem Streit passiert ist bzw. wer vielleicht im Recht gewesen wäre, ist wichtig, um fair reagieren zu können.

»Schaut mal, wir können jetzt nicht sagen, wer die Schaufel genau zuletzt hatte. Habt ihr eine Idee, was wir jetzt machen können?« Wenn man Kindern die Chance gibt, überraschen sie einen nicht selten mit kreativen Lösungsvorschlägen und sind häufig dem anderen Kind gegenüber verblüffend entgegenkommend. Je mehr ich mein Kind auffordere und einlade, eigenständig Lösungen zu finden, desto leichter wird ihm dies dauerhaft fallen. Ganz nebenbei trainiert es damit wichtige Fähigkeiten wie Empathie, Verantwortung zu übernehmen und den Umgang mit Frust.

Der Papa kommt in die Küche. Der Boden gleicht einer Schneelandschaft. Eines seiner Kinder hat das Mehl auf dem Küchenfußboden verteilt. Beide kleinen Töchter werden in die Küche gerufen. »Wer hat denn hier so ein Chaos gemacht?«, erkundigt sich der Papa. Verstohlene Blicke. Beide Töchter streiten ab, involviert gewesen zu sein.

Das Rätsel bleibt zunächst ungelöst. Einige Zeit später zupft die vierjährige Tanja ihren Vater am Pulli. »Papa«, murmelt sie. »Ich war das wohl in der Küche.«

Tanja hat etwas angestellt, von dem sie weiß, dass ihre Eltern es vielleicht nicht gutheißen. Trotzdem hat sie sich entschlossen, ihren Eltern dies freiwillig mitzuteilen. Möchte ich meine Kinder dazu animieren, ehrlich zu sein, Fehler einzugestehen und mir die Wahrheit zu sagen, sind solche Momente unglaublich wichtig.

»Beichtet« mir ein Kind etwas, ist das eine tolle Leistung, ein großer Schritt und sollte auch als solcher positiv gewertet werden.

Würde Tanja in diesem Moment Vorwürfe á la »Aha, wusste ich es doch, dass du das warst! Dann machst du das jetzt gefälligst auch weg und dann hast du Fernsehverbot!« anhören – wie groß wäre die Chance, dass Tanja beim nächsten Mal wieder so viel Mut, Verantwortung und Ehrlichkeit an den Tag legt?

Etwas freiwillig zuzugeben, erfordert Mut. Ein Kind sollte darauf vertrauen können, dass man ihm seinen Mut nicht vorwirft, sondern auch hier mit Verständnis reagiert und seine Ehrlichkeit wertschätzt. »Danke, dass du das von dir aus gesagt hast, Tanja! Das weiß ich sehr zu schätzen! Dann lass uns jetzt schauen, wie wir das Chaos beseitigen können. Du kannst ja schon einmal alles zusammenfegen und wenn du magst, helfe ich dir am Ende, den Rest aufzusammeln. Hier hast du den Besen. Wie ist denn das Ganze überhaupt passiert?« Denn Verständnis zu zeigen, heißt nicht, dass Tanja hier nicht trotzdem die Verantwortung tragen sollte.

Grundsätzlich ist Konstruktiv-Streiten-zu-können eine wichtige Fähigkeit. Auch wenn man als Eltern oft verlockt ist, kurz einzugreifen und es zu klären, wenn Kinder »aneinander geraten«: Geschwister dürfen kleinere Konflikte und Streitigkeiten untereinander ausmachen – sie lernen damit wichtiges zum Umgang mit anderen.

Was wir tun können, ist, den Kindern zu zeigen, wie man konstruktiv streitet. Denn ein Streit bedeutet erst einmal nur, dass zwei unterschiedliche Meinungen aufeinanderprallen. Der erste Schritt ist auch hier ein positives Vorleben einer gesunden Streitkultur.

Kommt es einmal zu einer etwas größeren Auseinandersetzung, bei der ein Kind uns um Hilfe bittet bzw. zu uns kommt, sollten wir erst einmal wertfrei zuhören und uns beschreiben lassen, was passiert ist. Es hilft, das Gehörte noch einmal wiederzugeben, um sicher zu sein, dass wir die Situation richtig einschätzen und verstanden haben, wie es dem Kind geht und was es sich gerade wünscht. Auf diese Weise fühlt das Kind sich wahrgenommen und gesehen. Wir können unsere Hilfe anbieten und auch hier das Kind mithilfe cleverer Fragen dazu animieren, zu überlegen, wie es vorgehen könnte: »Hast du eine Idee, was du jetzt machen könntest?« »Möchtest du Sammy sagen, wieso du gerade so wütend bist?« Wir können dem Kind helfen, indem wir das Streitgespräch begleiten und es moralisch dabei unterstützen.

Wir sollten dabei immer bedenken, dass es durchaus vorkommen kann, dass ein und derselbe Streit von zwei Kindern beschrieben vollkommen unterschiedlich eingeschätzt und bewertet werden kann. Unser Ziel sollte nicht sein, hier einen Schuldigen zu finden, sondern die Kinder bei einem Weg zur Lösung zu begleiten.

Dazu gehört auch, Kinder nicht ohne weiteres dazu zu »zwingen« sich zu entschuldigen. Natürlich ist es schön, wenn unsere Kinder sich entschuldigen. Doch ein gegrummeltes »Tut mir leid«, das für das Kind keinerlei Bedeutung hat, sondern nur eine Reaktion auf ein elterliches »Jetzt entschuldige dich!« ist, führt nicht dazu, dass ein Kind sich angewöhnt, sich von sich aus zu entschuldigen. Wichtiger ist es auch hier, mit dem Kind zu schauen, was genau passiert ist und wie es seinem Gegenüber geht. Auch hier helfen wieder Fragen, das Kind dazu anzuregen, nachzudenken, was ihm selbst und seinem Gegenüber nun helfen würde.

Zusammenfassend lassen sich für das Familienleben zwei Grundregeln festhalten, an denen sich alle Familienmitglieder orientieren können und die insbesondere bei Konflikten wiederholt betont werden dürfen – ohne Vorwurf, aber als Erinnerung oder Leitfaden.

- Die erste Regel lautet: Gehe respektvoll (oder auch: liebevoll) mit dir und anderen um.
- Die zweite Regel lautet: Gehe respektvoll mit allen Dingen um.

Was beinhaltet das? Schlecht über sich selbst zu reden – ist das respektvoll dir selbst gegenüber? Andere zu beleidigen, zu hauen, schubsen, ignorieren, Dinge wie Spielzeug, Jacken oder Schuhe einfach in die Ecke zu werfen – all das würde nicht von Respekt den anderen oder den Dingen gegenüber zeugen. Wir können gemeinsam mit unseren Kindern schauen, wie wir es alle schaffen, uns in Alltagsmomenten an diesen Regeln zu orientieren, so dass alle sie sicher kennen und sie sich ins Gedächtnis rufen können.

»Das ist meins!« – Müssen Kinder teilen?

Max verteilt großzügig die mitgebrachten Brezeln, die er gerne mag, an die anderen Kinder auf dem Spielplatz. Kurze Zeit später spielt er mit seinen beiden Spielzeugautos im Sand. Die kleine Saskia setzt sich neben ihn. »Gib der Saskia ein Auto ab!«, sagt die Mutter. Max schüttelt erschrocken den Kopf. »Nein!«, ruft er und hält seine Autos fest umklammert.

Es gibt Momente, in denen Kleinkinder ganz automatisch ihr Spielzeug, Essen o. Ä. teilen. Dann wieder scheint es, sie plötzlich vollkommen an ihre Grenzen zu bringen, an jemand anderen etwas abgeben zu sollen. Wie kommt das?

In den ersten Lebensjahren nehmen Kinder sich als Mittelpunkt war. Sie kennen zunächst hauptsächlich die eigenen Bedürfnisse und lernen Schritt für Schritt, dass auch andere Menschen Wünsche, Bedürfnisse und Gefühle haben. Im Idealfall wird ihnen diese Empathie durch uns als Eltern vorgelebt. Hinzu kommt, dass Kleinkinder sich zunächst als Einheit mit ihren Dingen ansehen. Sie haben einen starken emotionalen Bezug zu dem, was ihnen gehört bzw. zu den Dingen, auf die sie frei zugreifen können. Ein zweijähriges Kind zählt sein Spielzeugauto somit als Teil seines eigenen Selbst. Erst mit der Zeit versteht es, dass es einen Unterschied gibt zwischen dem, was ich bin, und dem, was ich besitze.

Viele Kinder reagieren daher sehr emotional, aufgeregt und wütend, wenn sie sich von Dingen trennen sollen. Sie wissen sich in dem frühen Alter dann meist nicht anders zu helfen, als zu weinen, zu schreien, zu schubsen etc. Das Kind kann noch nicht verstehen, dass das Ziel der Eltern ist, ein Gleichgewicht an Gerechtigkeit zu finden. Dass sie möchten, dass beide Kinder mit einem Spielzeug spielen dürfen, weil das in ihren Augen so »gerecht« ist. Diese Erkenntnis kommt erst deutlich später.

Kleine Kinder leben im Hier und Jetzt. Eine Erklärung von »Gib doch der Saskia dein Auto für ein paar Minuten. Du bekommst es ja später wieder« nützt wenig, da Kinder Zeiträume noch nicht einschätzen können. Sie sehen nur: »JETZT soll ich mein geliebtes Auto abgeben. Das möchte ich nicht.«

Und wie würden wir es finden, wenn uns jemand zwingt, etwas abzugeben, was uns unglaublich wichtig ist und was wir unbedingt behalten möchten, wie unser Smartphone etwa? Wir haben genau wie die Kinder auch Dinge, die uns lieb und teuer sind und die wir nicht teilen.

> Soll mein Kind lernen zu teilen, kann ich das nicht erzwingen – auch nicht durch Strafen oder Belohnungen. Teilt ein Kind nur in Erwartung einer Belohnung, wird es ohne diese Belohnung keinerlei Motivation zeigen, aus eigenem Verständnis heraus zu teilen.

Teilen zu lernen ist ein Prozess, den wir als Eltern nur liebevoll begleiten können, indem wir das Teilen im Alltag vorleben und unserem Kind (möglichst dann auch das Wort »teilen« verwenden) erklären, welche Gedanken beim Teilen dahinterstehen.

Erst wenn das Teilen freiwillig passiert, ist das Kind bereit und auch in der Lage dazu. Dazu kann man durchaus Situationen anleiten, in denen von vornherein klar ist, dass etwa ein Snack für alle Kinder gemeinsam angeboten (und somit geteilt) wird: »Schaut mal, ich stelle euch den Teller mit Keksen hin und jeder darf sich einen davon nehmen. Dann hast du einen, Simon. Du hast auch einen, Lisa, und du auch, Karsten.«

Kinder dürfen erst einmal ihre Dinge behalten. Je kleiner das Kind, desto mehr sollte ich diese Regel berücksichtigen. Es muss wissen, dass wir es in seinem Wunsch ernst nehmen, an etwas – im wahrsten Sinne des Wortes – festzuhalten. Es ist eine Frage von Respekt, dem Kind keine Dinge aus der Hand zu reißen. Entreißen wir dem Kind sein Spielzeug, bringen wir ihm bei: »Wer in der Machtposition und stärker ist, darf dem anderen einfach etwas wegnehmen.« So ein Verhalten wünscht man sich weder von Kindern noch von Erwachsenen.

Was können wir alternativ tun? Wir können verbalisieren, was in dem Kind vorgeht: »Ich verstehe, dass du gerade mit allen Autos spielen möchtest, Max. Du hast sie extra mitgebracht zum Spielplatz. Und du, Saskia, hättest auch gerne ein Auto zum Spielen. Wir können ja noch einmal Max fragen, ob er dir kurz ein Auto leiht.« Möchte Max dennoch partout kein Auto abgeben, dann ist das okay. Auch wenn lieb gefragt wurde, muss er deshalb nicht teilen. Wir können zusätzlich mit Saskia nach einer Alternative schauen, aber Max darf seine Autos behalten. Er hat einen guten Grund, seine Autos für sich zu beanspruchen. Vielleicht hat er sich einen Plan für oder mit diesen Autos überlegt, den er aber so noch nicht verbalisieren kann. Vielleicht hat er Sorge, das andere Kind könnte sein Auto kaputtmachen. Wir wissen es nicht. Und das müssen wir auch nicht.

Das Kind zum Teilen zu zwingen, hätte nur den negativen Effekt, dass das Kind auf Dauer Angst hat, man könne ihm jederzeit beim Spielen oder beim Essen etwas wegnehmen.

Häufig greifen Eltern dann zu einem vermeintlichen Mittelweg, indem sie sagen »Pass auf, Lian, du kannst jetzt noch fünf Minuten mit den Zäunen spielen und dann gibst du sie bitte deiner Schwester.« Was dagegenspricht ist Folgendes: Was, wenn Lian sich im Kopf einen Plan gemacht hat, was er mit den Zäunen spielen/

bauen/erschaffen möchte und dies auf keinen Fall innerhalb dieser Zeitfrist schaffen würde? Dann würde unsere Zeitvorgabe den gesamten Sinn seines Spieles nehmen. Es ist, als würde jemand zu uns sagen: »Ja, du darfst jetzt noch mit deiner Freundin telefonieren und das Thema besprechen. Aber nur fünf Minuten lang. Dann nehme ich dir das Telefon weg.«

Insbesondere unter Geschwistern finden sich ähnliche Situation wie mit Lian und seiner Schwester häufig. Was können wir also tun? Nun, wie gesagt, zunächst einmal darf ein Kind, das mit einer Sache spielt, diese behalten. Und das so lange, bis es fertig gespielt hat. Manchmal kann man sich mit dem Kind darauf einigen, dass nach der nächsten Mahlzeit getauscht wird, da dann ohnehin der Spielprozess unterbrochen wurde. Oder aber am nächsten Tag wird gewechselt. Für das Kind, das das ersehnte Spielzeug noch nicht direkt bekommt, kann dieser Moment eine Herausforderung sein. Gegebenenfalls müssen wir hier dem Kind in seinem Prozess begleitend zur Seite stehen.

> Und ja, natürlich sollen Kinder irgendwann teilen. Das werden sie in der Regel dann auch von alleine tun. Sofern man es ihnen eben vorlebt und sie im Lernprozess begleitet.

Möchte das eigene Kind partout etwas haben, was ein anderes Kind hat, kann man ihm auch erklären, zu warten, bis das Kind mit dem Spielzeug fertig gespielt hat. Dann ist das eigene Kind an der Reihe. Da sollte man dann natürlich mit für Sorge tragen: »Schau mal, Anna ist fertig mit Schaukeln. Jetzt bist du an der Reihe! Möchtest du jetzt mit mir schnell zur Schaukel laufen?« Wie immer, so sind wir auch hier in der Vorbildfunktion. Liebevolle Erklärungen sollten in jedem Fall Strafen, Drohungen und/oder Übergriffe ersetzen.

Und als wichtige Ergänzung: Es ist selbstverständlich die Basis allen Teilens, den Kindern von klein auf zu vermitteln, dass Teilen und ein gemeinsames Spiel ein Gewinn sind. Es sollte nicht im Vordergrund stehen, ständig die Sachen von einem Kind zum anderen zu wechseln, sondern vielmehr die Vorteile und der Spaß am gemeinsamen Tun betont werden.

Bauklotz, Bahn und Bobbycar – Was macht gutes Spielzeug aus?

Wann immer man mit kleinen Kindern im Alltag etwas spielerisch machen kann, sollte man die Chance nutzen. Ob ich das (manchmal ungeliebte) Anziehen mit einem »Jetzt zieht Hampelmann sich seine Hose an ...«-Lied versüße, ob die Krokodilhandpuppe das Zähneputzen begleitet, der Gang zum Bäcker zum Hüpfwettbewerb wird oder beim Nägelschneiden der Zählreim »Das ist der Daumen, der schüttelt die Pflaumen« die Sache erleichtert: Jede Art, Situationen – wie auch immer – spielerisch zu gestalten, erhöht die Chance auf einen entspannte(re)n Alltag.

> Dieses leichte spielerische Herangehen, das uns die Kinder jeden Tag vorleben, ist die Basis und somit der Schlüssel zu ihrer Kreativität.

Nehmen wir uns also – so oft es geht – die Zeit und geben unseren Kindern den Raum, den Löffel zum Hubschrauber, die Rosinen zu Zauberkugeln und die Zahnpasta zum Drachenschleim werden zu lassen.

Möchte ich mein Kind zusätzlich zum spielerischen Lernen anregen, bedarf es keineswegs eines vollgestopften Kinderzimmers. Es bedarf nicht einmal des klassischen Spielzeugs, wenn man es genau nimmt. Alltagsgegenstände bieten ebenso jede Menge Spielmöglichkeiten und oft sind ohnehin die ganz einfachen Dinge kleine Wunderwerke. Möchte ich als Elternteil dennoch auf Spielzeug nicht verzichten, gibt es einige Aspekte, an denen man sich orientieren kann.

Spielzeug sollte möglichst schlicht gehalten sein. Gerade Babys und sehr kleine Kinder sind schnell durch zu viel Farben und Geblinke überfordert. Tatsächlich sind die meisten Kinder viel mehr fasziniert von einfachen Haushaltsgegenständen: Eine Kunststoffdose mit Deckel, ein Löffel, eine Haarbürste oder Fernbedienung u. Ä. eignen sich durchaus als attraktives Spielzeug, mit dem sich das Kind erstaunlich eingehend beschäftigen kann.

Spielsachen sollten im Idealfall aus Materialien wie Holz, Metall oder Pappe bestehen. Sie sind in aller Regel langlebiger und man verzichtet zugleich auf Kunststoffe, die nicht immer und automatisch gesundheitlich unbedenklich sind.

Spielzeuge sollten nach Möglichkeit nicht batteriebetrieben sein. Gegen blinkendes und Geräusche machendes Spielzeug spricht gerade bei Kleinkindern folgendes: Kleine Kinder sollen das Prinzip von Handlung ↔ Reaktion verstehen: Tue ich dies, passiert das. Sie sollen verstehen, WIESO etwas ein Geräusch macht, wieso etwas hell ist oder dunkel. Da sie aber das Prinzip von Elektronik und Batterien noch nicht verstehen können, ist es besser, ihnen z. B. eine Dose zum Schütteln zu geben, die rasselt, weil sich Reis oder Erbsen darin befinden, die die Kinder am besten auch noch sehen können.

Ein weiteres wichtiges Argument gegen batteriebetriebenes Spielzeug: Studien haben gezeigt, dass Kinder sich über deutlich längere Zeiträume mit Spielzeugen beschäftigen, die eben keine Batterie und keine Elektronik enthalten. Ein Handy, I-Pad und Fernseher sind somit selbstverständlich keine Spielzeuge. Mit einem einfachen »analogen« Spielzeug fördern wir automatisch, dass unser Kind länger bei einer Sache bleibt und sich somit besser konzentrieren kann.

Die Menge der zur Verfügung stehenden Spielzeuge sollte begrenzt und für das Kind überschaubar sein. Im Idealfall hat jedes Spielzeug auch einen festen Platz, an dem das Kind eigenständig darauf zugreifen kann. Je jünger das Kind, desto weniger sollte zur Auswahl stehen. Doch selbst bei größeren Kindern hilft das Reduzieren des Angebotes dabei, die Konzentrationsfähigkeit zu fördern. Steht dem Kind eine zu große Menge an Spielzeug zur Verfügung, bewirkt das oftmals eine Überforderung, sich für eines zu entscheiden – und dann auch dabei zu bleiben.

Auch wenn wir mit Kind bei Freund/innen zu Besuch sind, ist keinesfalls nötig, eigenes Kinderspielzeug von Zuhause heranzuschleppen. Denn so wird die wundervolle Möglichkeit verpasst, in einem anderen Haushalt erst einmal anzukommen und zu schauen, was für wunderbar spannende Dinge dort entdeckt und zweckentfremdet werden können. So werden die bunten Bodenfliesen des Nachbarn zum Hüpfspiel, der Minibrunnen der Uroma zum Planschvergnügen und die Halstücher und Mützen der Freundin zum Verkleidungsoutfit.

> Wenn wir als Eltern entscheiden, womit das Kind spielen soll, vergeben wir die Chance darauf, dass unser Kind übt und zunehmend lernt, selbst Entscheidungen zu treffen.

In meiner Praxis sind nicht selten Kinder, die auch am Ende der Grundschule auf die Frage: »Welches Spiel möchtest du denn spielen? Dieses hier oder lieber das andere?« immer mit: »Ich weiß nicht. Entscheide du!« antworten. In der Folge bedeutet das, dass sie auch dann nicht die Verantwortung übernehmen (können bzw. wollen), wenn etwas nicht gefällt, nicht gut läuft oder – im extremen Fall – nicht gewollt ist und daher abgelehnt werden sollte. Hier geht es somit ebenso um die Entwicklung einer festen Selbstbestimmung und Selbstbehauptung.

Doch zurück zum Spielzeug: Wenn dennoch viel von diesem vorhanden ist, kann man es »rotieren«: Für was zeigt das Kind gerade besonders Interesse? Das sind, je nach Entwicklungsphase, in aller Regel verschiedene Dinge. Alle Spielzeuge, die somit zurzeit eher uninteressant sind, kann man beruhigt eine Zeit lang im Schrank verschwinden lassen. Nach einiger Zeit kann man dann das »Grundsortiment« auswechseln. Oft ist dann die Freude über das wieder aufgetauchte Spielzeug groß und es wird wieder mehr zum Einsatz kommen.

Gleiches gilt für Bücher: Interessiert sich das Kind zurzeit besonders für Pferde, Ritter oder für Natur, Blumen und Wald, kann man die Bücher dazu passend auswählen – und erst einmal einige der anderen Themen für ein, zwei Wochen aussortieren. Es lohnt sich allerdings durchaus zwischendurch zu schauen, ob das Interesse an einem anderen Buchthema wieder geweckt ist. Wenn jedoch 30 Bücher im Kinderregal stehen, ist die Auswahl in aller Regel zu groß. Die Kinder »springen« dann eher von Buch zu Buch und bleiben weniger lange auf eines konzentriert.

Selbstverständlich dürfen und sollen Kinder Spielzeuge gerne zweckentfremden! Nur weil ein Puzzle zum Puzzeln da ist, heißt das nicht, dass man aus den Puzzleteilen nicht auch einen Stapelturm bauen kann – solange die Zweckentfremdung nicht dazu führt, dass ein Spielzeug darunter leidet.

Kinder wissen oftmals noch gar nicht um die genaue Anwendung bzw. den genauen Einsatzzweck eines Spielzeugs. Sie nutzen es so, wie es ihnen in dem Moment logisch oder interessant erscheint. Selbstverständlich dürfen wir unserem Kind zeigen, wie man die Puzzleteile einsetzt, aber solange ein Kind mit dem Spielzeug anderweitig spielen möchte, ist das völlig in Ordnung und sollte nicht (mit einem »So geht das aber nicht! Das ist doch ganz falsch!«) kommentiert werden. Wer weiß, vielleicht lernt das Kind gerade etwas Wichtiges für Logik oder Motorik, indem es das Spiel dazu kreativ zweckentfremdet.

> Am besten unterstützen wir unser Kind somit, indem wir es beim Spielen begleiten und nicht anleiten.

Es wird am Ende bestimmt herausfinden, dass es auch noch die Möglichkeit gibt, die Puzzleteile passend einzustecken. Wir sollten deshalb ruhig ganz bewusst einmal mehr »Ja!« sagen, wenn unser Kind etwas kreativ zweckentfremdet oder spontan eine »verrückte« Idee hat. Es gibt zahlreiche Experimente, die zeigen, dass Kinder sehr viel mehr Möglichkeiten im Kopf haben, Dinge zu nutzen, wenn man ihnen keine Vorgaben dazu gibt, was der eigentliche »Zweck« einer Sache ist.

Kinder brauchen die Sicherheit, auch hier ernst genommen zu werden. Und was spricht eigentlich dagegen, heute mal im leeren Planschbecken in der Sonne zu frühstücken und so zu tun als sei man auf dem Meer? Was spricht dagegen, heute auf dem Trampolin zu schlafen, wenn es doch eine warme Sommernacht ist? Was spricht dagegen, das Kind ausprobieren zu lassen, einmal alle Mützen übereinander anzuziehen? …

Während wir meist logisch denken, sind Kinder vielmehr »bildhafte Andersdenker«. Sie können hier mit einer gehörigen Portion Kreativität, Mut, Phantasie, »verrückten« Ideen und Erfinderreichtum unser Leben sehr viel bunter machen. Diese Chance sollten wir unbedingt nutzen!

Wenn wir Kinder dabei beobachten, wie sie ihre Umwelt wahrnehmen, merkt man schnell, dass sie ebenfalls über eine vollkommen andere Einschätzung, Wertung dessen verfügen als das, was in unseren Köpfen an Annahmen vorherrscht. Kinder sehen Wert in unscheinbaren Dingen. Deshalb entwickeln sie in den ersten Lebensjahren meist schnell eine große Sammelleidenschaft. Sie sammeln dann fast alles. Steine, Stöcke, Schneckenhäuser, Murmeln, Fusseln, Blätter … sie sammeln, was sie in ihre kleinen Finger bekommen. Die meisten Kinder sortieren dann irgendwann mehr oder weniger automatisch nach Form, Größe, Anzahl, Wertigkeit. »Guck mal, ich hab ganz viele große Blätter, aber nur ein kleines.« »Ich tausche die Glitzermurmel nicht gegen eine normale blaue – davon gibt es ja ganz viele.«

Dieses Sammeln, Vergleichen und Tauschen ist die Basis für spätere Mathematik. Hier nämlich werden bereits in hohem Maße das logische Denken und das Übertragen von Strukturen geübt.

Das wird spätestens dann notwendig, wenn in der Schule die mathematische Logik und generell Reihenfolgen und Ordnungen verstanden werden sollen. Symbole müssen erkannt, Mengen zugeordnet und geschätzt werden. Für all das sind das Sammeln und der Umgang mit den gesammelten Objekten ein wunderbares Training.

Neben der Förderung der mathematisch-logischen Kompetenzen, birgt das Sammeln eine spannende Möglichkeit, Kindern wertschätzend und anerkennend entgegenzutreten.

Leni kommt angerannt: »Papa! Schau mal, was ich gefunden habe! Einen Schatz!« Begeistert hält sie einen kleinen Plastikgegenstand in die Höhe. Es handelt sich um den zerkratzten Kopf einer kleinen Kunststoffkatze, der scheinbar abgebrochen ist.

Natürlich sehen wir als Erwachsene hier eher ein wertloses Stück Müll, dem wir sicherlich keinerlei Beachtung geschenkt hätten. Doch solche Momente bieten die wunderbare Möglichkeit, dem Kind zu zeigen, dass wir es ernst nehmen, in dem, was für es wichtig ist – mag es auch »nur« ein kleiner Stein, ein Schneckenhaus, eine trockene Blüte oder eben diese kleine Plastikkatze sein. »Oh, sowas Spannendes hast du an der Hecke gefunden? Das ist ja wirklich ein kleiner Schatz! Hast du ein Glück!«

> Mit einer offenen und wertschätzenden Haltung den Dingen gegenüber, für die sich unser Kind begeistern kann, unterstützen wir unser Kind in seiner Entdeckerfreude.

Wohingegen eine abwertende Bemerkung den Spaß des Kindes auf Dauer auf traurige Weise auslöschen und ihm im schlimmsten Fall eine der bewundernswertesten kindlichen Eigenschaften nehmen würde: Die Fähigkeit, im Alltäglichen das Besondere zu sehen.

Kinder sind von sich aus schon kleine Entdecker/innen und Erfinder/innen und bringen einen Schatz an tollen Ideen mit. Die folgende überschaubare Auswahl an möglichen Spielsachen soll hier nur deshalb genannt werden, weil es sich dabei um Spielzeuge handelt, die Kindern Raum geben, Dinge zu entdecken, und möglichst wenig Vorgaben machen.

- Erste Holzbauklötze und später Steckbausteine zum Sortieren und Stapeln.
- Steckspiele und Puzzle, um auch so die Fein- und Graphomotorik zu üben, die für eine korrekte Stifthaltung wichtig ist.
- Instrumente (lassen sich auch leicht selbst herstellen, wie etwa Rasseln aus kleinen Flaschen u. Ä.) und – sofern man das als Spielzeug zählen kann – Musik: die singenden Eltern. Egal, wie schief das evtl. auch klingen mag. Gesang, der von den eigenen Hauptbezugspersonen kommt, ist viel mehr wert als Musik von CD, Toniebox und Co. Diese sollten das gemeinsame oder das Vorsingen nicht ersetzen, denn abgespielter Musik fehlt – insbesondere in den ersten Jahren eines Kindes – eines: der emotionale Bezug dazu. Auch wenn Kinder irgendwann bestimmte Lieder besonders toll finden und diese immer wieder hören möchten – so ist doch von ganz klein an erst einmal wichtig, dass meine Hauptbezugspersonen für mich ihre Sangeskünste zum Besten geben.
Singspiele, Lieder und Fingerspiele sind ein wichtiger Bestandteil zur Förderung des Sprechens, denn sie beinhalten Rhythmus und Melodie. Beides ist wichtig, um einen grammatikalisch richtigen Satz bilden zu können.
- Verschiedene Gefäße zum Gießen und Herumtragen: Hierzu gehören auch Dinge, die man schütten kann, etwa Reis, Wasser, Linsen oder Sand. Davon sollte so viel zur Verfügung stehen, dass die Kinder mit vollen Händen hineingreifen, rühren und wühlen können. Hierzu gehören verschiedene Materialien zur Förderung der Sensorik und Feinmotorik, die sich in fast jedem Haushalt finden. Kurz gesagt: Dinge zum Fühlen. Knete, Reis, Sand, kleine Dinge zum Aufheben (dann, wenn die orale Phase des »Ich nehme alles in den Mund« vorbei ist!).
- Kindgerechte Werkzeuge und Haushaltsgeräte (wie Schaufel, Besen, Schwamm, Kehrblech, Harke etc.), um im Haushalt mithelfen zu können, auch selbstständig, um als Helferlein ernst genommen zu werden. Dazu gehört auch durchaus schon früh eigenes Geschirr und Besteck, das bei den meisten Kindern nicht aus Plastik sein sollte. Sie sollen lernen, vorsichtig damit umzugehen. Das lernen sie be-

sonders dann, wenn sie merken, was passiert, wenn einmal ein Glas herunterfällt. (Wenn wir dann als Elternteil vorwurfsfrei erklären und den Schreckmoment des Kindes auffangen, wird es mit großer Wahrscheinlichkeit beim nächsten Tragen des Glases noch vorsichtiger sein.)

Der Umgang mit Messer und Schere lernt sich, indem das Kind mit Messer und Schere umgehen darf. Auch Kleinkinder dürfen, sollten und können durchaus schon lernen, wie man ein Messer vorsichtig handhabt. An einer weichen Banane etwa können sie wunderbar üben, sie in Stücke zu schneiden. Natürlich habe ich als Elternteil immer einen Blick darauf und reiche dem Kind nicht gleich das schärfste Messer der Küche. Aber: Je eher ein Kind mit diesen Alltagswerkzeugen verantwortungsvoll umzugehen lernt, desto früher wird es sie auch sicher beherrschen. Kinder, die in den ersten Jahren ihres Lebens niemals beim Zubereiten von Mahlzeiten geholfen haben, haben – wenn sie dann plötzlich mithelfen sollen – eine Menge aufzuholen.

- Stifte, Kleber, Schere (s. o.). Hier sollte man auch Kleinkindern neben den dicken Wachsmalstiften bereits früh auch »normale« Stifte anbieten. Denn auch hier gilt: Je früher es den Umgang und die Handhabung übt, desto früher beherrscht es sie.
- Eine Puppe oder ein Kuscheltier als »emotionaler Begleiter«.

- Erste Fahrzeuge, z. B. ein Rutschauto oder ein Laufrad, um den Gleichgewichtssinn, die Raumorientierung und weitere wichtige motorische Prozesse zu fördern.
- Verkleidungssachen – Vorhandenes ist Trumpf: Papas alter Hut, eine Kette, ein Paar Handschuhe oder eine alte Tasche – denn ab einem Alter von ca. drei Jahren beginnen die Kinder, sich in andere Rollen hineinzuversetzen – die Grundlage für Empathie. Dazu gehören auch kleine, leichte und später größere Tücher oder Laken zum Verstecken und »Buden bauen«.
- Etwas Weiches zum Werfen: Bälle, Kissen, ...
- Tierfiguren (als detaillierte und realitätsnahe Darstellungen), um das Denken in Unter- und Oberkategorien und das visuelle Unterscheidungsvermögen zu trainieren, was im Alltag vieles erleichtert, weil man so schneller Ähnlichkeiten und Parallelen erkennt. Kommen dann auch nur die Tiere mit in die Badewanne, die in der Realität auch in und am Wasser leben, und die in den Sandkasten, die vielleicht in der Wüste leben, lernt das Kind gleich noch auf leichte Weise etwas über die Lebensräume der Tiere.

Fernseher, Tablet und Smartphone sollten in den ersten Lebensjahren in Anwesenheit des Kindes so selten wie möglich zum Einsatz kommen.

Eltern sollten diese Dinge nur selten verwenden, wenn das Kind dabei ist – denn sie leben schließlich vor, wie wichtig, bestimmend oder eben wenig bestimmend diese Medien sind. Kinder sollten diese Geräte in den ersten Jahren nicht oder nur wenig nutzen. Im Idealfall vor Schuleintritt so gut wie gar nicht. Verschiedene Studien zum Medienverhalten mit Kindern belegen recht drastisch, wie sich graphomotorische und kognitive Fähigkeiten, ebenso wie Kreativität und Konzentrationsfähigkeit schlechter entwickeln, wenn das Kind einen hohen Medienkonsum hat. (Das gilt übrigens für die gesamte Kindheit.)

Der Gedanke, dass ein Kind beispielsweise Sprechen durch Fernsehsendungen lernt, die speziell für kleine Kinder gedacht sind, ist in den meisten Fällen ein Irrtum. Nur Sendungen, die spezielle Kriterien erfüllen und in einem sehr bewussten und reglementierten Zeitrahmen eingesetzt werden, können hier unterstützend sein. Grundsätzlich ist es jedoch so, dass Kinder besonders dann neue Gehirnverknüpfungen zu Wörtern, Sätzen und somit Grammatik bauen, wenn ihr Gegenüber dabei mit ihnen interagiert, d.h., wenn Sprache und eigenes Handeln miteinander verknüpft werden. Für ein erfolgreiches Lernen brauchen Kinder jemanden, der mit wahrnehmbarer Emotion auf sie reagiert, kurz gesagt: Sprechen lernen wir dadurch, dass jemand mit uns spricht. Ein Fernseher kann das nicht leisten.

Wenn man dennoch gelegentlich auf diese Medien zurückgreift, wäre folgendes bei Auswahl und Konsum von »Kindersendungen« zu beachten:

- Erstens: Wir als Eltern sollten dabeisitzen, wenn das Kind fernsieht, und ggf. Dinge erklären und somit für das Kind nachvollziehbar machen.
- Zweitens: Kinder lieben Wiederholungen: Es reicht also vollkommen aus, eine sehr geringe Auswahl an Sendungen zu nutzen. Das kann heißen: Das Kind darf einen fünfminütigen Ausschnitt aus einer Tierdokumentation über Schildkröten sehen. Oder einen Filmausschnitt über Enten und ihre Küken. Immer, wenn tatsächlich einmal der Fernseher zum Einsatz kommt, gibt es dann einen dieser beiden Filmausschnitte zu sehen. Das reicht anfangs vollkommen aus und wirkt dem Suchtfaktor entgegen.
- Sollten einmal kurze Trickfilme gezeigt werden, sollte man darauf achten, dass die Szenen langsam verlaufen, möglichst realitätsnah und somit für das Kind verständlich sind.

Noch vor zwanzig Jahren war das Tempo der Kindersendungen erheblich niedriger (Astrid Lindgren: »Pippi Langstrumpf«, die Augsburger Puppenkiste: »Urmel aus dem Eis«, Erklärsendungen: »Löwenzahn« oder »Die Sendung mit der Maus«). Ein Großteil der Trickfilmserien und Kinderspielfilme der heutigen Zeit hat ein für Kinder somit vollkommen unpassendes Tempo, zudem mit zu vielen und zu schnellen Bild- und Szenenwechseln.

Eine gute Alternative zu Film und Serie ist übrigens: Ein bis zwei kurze Videos des eigenen – oder eines befreundeten – Kindes gemeinsam anzusehen. »Guck mal, da planschst du im Pool mit Papa.« »Oh, da bist du noch ein ganz kleines Baby und schläfst auf meinem Bauch.« »Schau mal, das ist Ole. Da läuft er durch den Park.« Diese Erinnerungen auch später wiederholt aufleben zu lassen, ist eine schöne Alternative zum klassischen Fernsehen.

Die Frage nach der Bildschirmzeit für Kinder ist inzwischen eine große. Ich stelle gerne folgenden Vergleich her: Wir sollten Bildschirme so handhaben, wie wir Feuer mit Kindern handhaben. Zunächst einmal, lassen wir sie damit in der Regel nicht allein. Auch wenn Feuer nicht grundsätzlich immer etwas Schlechtes ist, solange man es bewusst nutzt, um etwa Essen zu erhitzen, und wenn man die Größe im Blick behält und es reguliert. Tut man dies nicht, wird es gefährlich und kann einen ganzen Wald niederbrennen. So ist es auch mit Bildschirmzeit. Gerade in der heutigen Zeit kann natürlich ein Bildschirm auch eine Chance für neue Eindrücke sein. Doch wie gesagt: Sprache, Empathie, Werte, Soziales – lernt man nicht durch Bildschirme.

Ein paar Grundregeln für Bildschirmzeit bei Kindern sind meist hilfreich: Zunächst einmal sollten sich die Kinder, die am Bildschirm sitzen, im Haus oder in der Wohnung dort befinden, wo wir sie im Blick haben – also niemals im Kinderzimmer. Denn Bildschirme bergen auch die Gefahr, dass Dinge an die Kinder herangetragen werden, die nicht für sie geeignet, schädlich sind oder Angst machen. Genau wie wir das im realen Leben im Blick haben, sollten wir dies auch in der virtuellen Welt tun. Fremde würden wir ja an der Haustür auch nicht ohne Bedenken und unbeaufsichtigt reinlassen.

Da in der Regel wir diejenigen sind, die die Bildschirme an unsere Kinder heranbringen (ich kenne wenige Kinder, die sich so ein Gerät im Grundschulalter selber leisten können), sind wir somit auch in der Position, über die Nutzung zu bestimmen. Natürlich auch, weil wir überblicken können, was für Gefahren von zu viel Konsum ausgehen – zu schnelle Bilder, zu viele Bildwechsel, nicht kindgerechte Sprache und Inhalte.

Was Bildschirmzeit angeht, sind wir die Eltern – nicht die Freunde – der Kinder. Wir sollten dementsprechend auch gar nicht erst Rituale entstehen lassen wie »Immer morgens darfst du fernsehen« – sonst ist der Ablöseprozess davon umso langwieriger und anstrengender für alle Beteiligten. Natürlich ist es durchaus nachvollziehbar, dass Eltern einmal einen Moment Ruhe wollen, um in Ruhe zu duschen oder etwas zu erledigen. Da wird der Fernseher oder das Tablet gerne kurz als Babysitter genutzt. Das darf sein, sollte aber sehr bewusst und nicht regelmäßig passieren. Denn Bildschirme und die darauf stattfindenden Bildwechsel haben ein enorm hohes Suchtpotenzial.

Abschließend sei noch einmal gesagt:

> Wichtiger als jedes Spielzeug ist die gemeinsame Zeit mit dem Kind. Das Singen, das Basteln, das Klettern, Tanzen, das Krachmachen und Flüstern. Um mit einem Kind zu spielen, benötigen wir keinerlei Spielsachen. Wenn wir uns voll und ganz auf unser Kind einlassen, schaffen wir etwas, was viel wichtiger ist, als jeder

neue Ball oder jede Puppe: Wir schaffen ein Gefühl von Vertrauen, Zusammenhalt und Gemeinschaft.

»Was soll denn mein Kind nun alles können?« – Der lerntherapeutische Blick

Im Verlaufe des Buches wird immer wieder beschrieben, was dazu führt, dass Kinder stark werden, sich frei entfalten und völlig von selbst Neues lernen. Dazu gehören:

- ein sicheres Umfeld,
- stabile wohlwollende Beziehungen,
- ehrliche Aufmerksamkeit,
- Räume sich zu entfalten und
- Zeit zum Spielen.

Als Lerntherapeutin höre ich von vielen Eltern die Frage: Gibt es Dinge, die mein Kind im Idealfall können sollte, wenn sich die Kindergartenzeit dem Ende neigt, es also Richtung Schule geht? Zunächst einmal würde ich hier eine wichtige Unterscheidung vornehmen: Ja, es gibt Dinge, die ich für wichtig erachte, dass Kinder sie können. Doch nicht, damit sie in der Schule funktionieren. Dazu gehört:

- die Fähigkeit, sich begeistern zu können,
- die Fähigkeit, sich auf eine Sache konzentrieren zu können,
- Durchhaltevermögen,
- Kreativität,
- Empathie,
- Neugier,
- …

Diese Dinge erachte ich für wichtig. Glücklicherweise bringen Kinder diese Fähigkeiten in der Regel ohnehin mit. Wir müssen ihnen diese Dinge nicht beibringen, wir müssen nur darauf achten, sie ihnen nicht abzutrainieren.

Der zweite Teil der obigen Elternfrage zielt ja nun darauf ab, welche Dinge Kinder für die Schule können sollten, um dort »klarzukommen«, hineinzupassen, inhaltlich folgen zu können, nicht »hinterher zu hängen«. Nun ja, es gibt sicherlich einige Kompetenzen, die den Schulalltag erleichtern, wenn ein Kind über sie verfügt. Ich möchte an dieser Stelle jedoch eines betonen: Eine Schule, die für Kinder gemacht ist, sollte sich an diesen orientieren. Nicht umgekehrt. Es widerstrebt mir, Hilfestellung dazu zu geben, wie Kinder möglichst so geformt werden, dass sie in einem System bestehen können, das es in den seltensten Fällen schafft, dass Kinder ihre Lernfreude beibehalten, voller Begeisterung und Neugierde bleiben, die eigenen Wünsche verwirklichen, in die eigenen Stärken vertrauen, …

Ich wandle also die an mich gerichtete Frage ein wenig ab: Gibt es Fähigkeiten, die den Schulalltag für Kinder erleichtern, die ihnen an der einen oder anderen Stelle Energie sparen oder ihnen mögliche Stolpersteine aus dem Weg räumen? Wie können wir als Eltern diese Fähigkeiten auf spielerische Weise im Alltag mit unseren Kindern stärken?

Bevor wir uns mit der Antwort auf diese Fragen beschäftigen, sei trotz aller Kritik am Schulsystem gesagt: Möchten wir die Chance erhöhen, dass unser Kind sich entspannt dem Schulalltag nähert, sollten wir sicherstellen, dass wir uns zu dem Eintritt in die Schule vor dem Kind positiv äußern und dem Ganzen selbst so positiv wie möglich entgegenstehen. Denn nur dann kann auch das Kind mit einer entspannten Grundhaltung in diese spannende Zeit starten. Alles, was zuvor bereits an Druck und Stress auf das Kind einwirkt, alles, was ihm das Gefühl gibt, Schule könnte anstrengend und in irgendeiner Form negativ sein, wird dazu führen, dass es schon mit angespannten Schultern und schlimmstenfalls mit Angst und Sorge in die Schulzeit startet. Wir sollten dabei im Kopf behalten: Wann immer ein Kind den Spaß am Lernen verliert, haben wir als Erwachsene, als Lernbegleiter, als Lerninstitution etwas falsch gemacht.

Die folgende Auflistung soll demnach nun keinesfalls dazu anregen, bei jedem Kind zu überprüfen, ob all diese Teilleitungsbereiche und Einzelfähigkeiten in einem ausreichenden Maße ausgeprägt und vorhanden sind. Wir müssen als Eltern nicht all diese Bereiche detailliert »auf dem Schirm haben«. Man kann nicht oft genug betonen, dass Kinder einen Großteil dieser Kompetenzen ganz von alleine erlernen – im Alltag, durch das kreative Spielen und im liebevollen Kontakt mit anderen Menschen.

Es geht an dieser Stelle vielmehr darum, hier einmal einen Überblick darüber zu schaffen, auf welchen Grundkompetenzen viele der Inhalte aufbauen, die auch im Rahmen des Schulbeginns auf die Kinder zukommen. Die Auflistung erhebt dabei keinerlei Anspruch auf Vollständigkeit.

Der Bereich der Sprache

Kinder lernen Sprechen zunächst, indem sie Laute bilden. Babys brabbeln und geben Laute von sich. Sie trainieren damit automatisch, verschiedene Klänge zu unterscheiden und zu bilden. Im Idealfall sind sie dabei umgeben von einer oder mehreren Bezugspersonen, die auf ihre ersten Sprechversuche positiv reagieren und sie motivieren, weiter mit Lauten zu experimentieren. Ein »Ja, sag nochmal! Was hast du gesagt?« öffnet hier Tür und Tor dafür, dass das Kind diesen wichtigen Zeitraum zum Erlernen der Laute nutzen kann.

Beginnen Kinder zu sprechen, lernen sie dann das Sprechen der Wörter in Silben. To-ma-te ist ein Wort, das aus drei Silben besteht. Eltern sprechen intuitiv richtig die ersten Wörter meist langsam und deutlich in Silben vor, damit Kinder sie gut verstehen. Für den Start in die Schule müssen Kinder dann sowohl Laute als auch Silben bilden und heraushören können, denn es wird von ihnen verlangt aus Wörtern einzelne Klänge der Buchstaben (Laute) zu hören (»Wo hörst du das E in Esel?«) sowie Wörter aus Silben bilden zu können.

Der Grundsatz für die Sprache heißt, wie bereits erwähnt, immer: Vorsprechen statt Korrigieren! Wann immer ich als Erwachsener möchte, dass ein Kind sich sprachlich etwas antrainiert, sollte ich dies schlicht vorsprechen. Das Vorsprechen löst dabei ein Korrigieren im Idealfall vollkommen ab. Denn ein Korrigieren (»Nein, das heißt nicht ›Schnange‹! So sagt man das nicht! Sag das richtig!«) hat immer etwas Belehrendes und damit einen negativen Unterton. Viel leichter und effektiver ist es, dem Kind ein Wort einfach richtig vorzusprechen. (»Ach, du meinst die Schlange! Ja, die sieht wirklich spannend aus.«)

Gleiches gilt in hohem Maße, wenn ein Kind sich schwertut, Fragen zu stellen. Allzu häufig hören Kinder dann indirekte Aufforderungen à la »Sag doch, was du möchtest! Frag doch einfach!«. Viele Kinder sind mit dieser Aufgabe überfordert. Hilfreicher ist es auch hier, einfach vorzusprechen, worauf man hinausmöchte. (»Du könntest fragen: Mama, hilfst du mir?«)

Beim Sprechenlernen gilt ganz allgemein gesagt der Grundsatz: Sprechen lernen wir dadurch, dass jemand mit uns spricht. Das kann weder eine CD noch ein Fernseher leisten. Im Gespräch mit Kindern lernen sie, wie man miteinander kommuniziert, erweitern ihren Wortschatz und entdecken neue Satzkonstruktionen. Deshalb ist es wichtig, das eigene Handeln sprachlich zu begleiten. Abläufe und Logiken, die vor einem Kind benannt werden, helfen ihm, zu verstehen, was passiert, und trainieren gleichzeitig die Sprache.

Gleiches gilt für das Vorlesen, das besonders für einen großen Wortschatz ebenso wie für ein ausgeprägtes akustisches Gedächtnis für Sätze sorgt. Die häufige Wiederholung des beliebtesten Buches eines Kindes, des Lieblingsliedes oder des favorisierten Fingerreims führt dazu, dass das Kind automatisch das akustische Gedächtnis trainiert.

Kinder sollten irgendwann Dinge unterscheiden können. In ihrer Form, ihrem Aussehen, ihrer Größe. Ebenso sollen sie verschiedene Klänge differenzieren können. Eine Bohrmaschine klingt eben anders als eine elektrische Zahnbürste. Beim Erlernen der Buchstaben wird dieser Vorgang deutlich anspruchsvoller. Visuell sollen dann minimale Unterschiede wie bei »n« und »h« wahrgenommen werden. Akustisch sollen die Kinder Laute des »d« und »b« unterscheiden. Je häufiger sie dies im Alltag automatisch trainiert haben, desto leichter wird es ihnen fallen, diese Unterscheidungen vorzunehmen.

Um das visuelle Unterscheiden zu üben, können mit dem Kind ganz einfach allerlei Dinge, die der Alltag mit sich bringt, gemeinsam verglichen werden. »Schau mal, das Kastanienblatt ist ja viel größer als das Efeublatt.« Was zunächst bei großen und plakativen Dingen geübt wird, das gelingt später auch besser bei kleinen Unterschieden. Gleiches gilt für das akustische Unterscheiden: Das gemeinsame Hinhorchen nach dem Specht, diesen Moment des »Oh hörst du gerade etwas Spannendes? Was könnte das sein?« wahrzunehmen und bewusst zu verbalisieren, schafft eine wunderbare Basis für das spätere Unterscheiden kleiner Klänge bei den Buchstaben. Zusätzlich dürfen Hörspiele, Geräusche-Memorys, Geräusche-CDs etc. zur Hilfe genommen werden.

»Oben, unten, hinten, vorne, …« – diese Arten von Präpositionen zu beherrschen, hilft, sich zu orientieren. Sowohl räumlich als auch im Bereich der Sprache. Wenn die Schule startet, heißt es dann: »Beim b muss der Kreis nach rechts/vorne.« Oder »Das kleine f geht bis ganz unten.«. Um die Linienverläufe zu erlernen und Buchstaben optisch unterscheiden zu können, sind Präpositionen eine große Hilfe.

Für den Start in die Schule hilft es ebenfalls, die Kinder mit der einfachen Vergangenheit vertraut zu machen. Im Alltag nutzen wir in der Regel das Perfekt als Vergangenheit, wenn wir einen Satz bilden. Wir sagen »Wir haben gemalt«. In der Schule wird allerdings recht schnell von den Kindern verlangt, Sätze im Präteritum zu bilden (»Wir malten.«). Da diese Form der Vergangenheit in unserem alltäglichen Sprachgebrauch selten verwendet wird, tun sich viele Kinder schwer, Verben in diese Zeit umzuwandeln, wenn sie schulische Texte verfassen sollen. Je häufiger ich als Kind mit dieser Zeit schon in Kontakt gekommen bin, desto leichter wird es mir fallen, Sätze in dieser zu bilden. Am leichtesten bringt man mit Kindern diese Zeit nahe, indem man Märchen oder ähnliche Geschichten in dieser Zeitform vorliest.

Der Bereich der Logik

Das Vergleichen, Schätzen, Zuordnen und Sortieren ist die absolute Basis für die Mathematik. Doch Logik braucht man auch in fast allen anderen Fächern. Reihenfolgen finden sich in der richtigen Anordnung der Buchstaben in einem Wort (Laura statt Luara), bei der Übersicht in der Schultasche und der Frage, wo sich welche Unterlagen befinden. Logisches Denken hilft, sich zu orientieren: im Alltag und im Ablauf des Stundenplans in der Schule. Das Überblicken von Strukturen und Ähnlichkeiten führt außerdem dazu, dass beispielsweise bei ähnlichen Arbeitsblättern die Überlegung aufkommen kann: »Ah, das ist bestimmt etwas, was so ähnlich bearbeitet werden muss. Das erinnert mich an die andere Aufgabe.«

Ähnlich wie im sprachlichen Bereich sollten Kinder auch hier Unterschiede von Dingen ausmachen können. Formen, Größen, Farben gehören hier zu, doch auch das vergleichende Denken ist ein essenzieller Schritt. Das vergleichende Denken beinhaltet beispielsweise das Denken in Kategorien (»Ach, das sind alles Möbel.« »Ah, das sind alles Säugetiere.« »Ach, so eine Aufgabe hatten wir schon einmal. Da muss ich bestimmt auch so rechnen.«). Diese Fähigkeit bildet einerseits die Basis der Mathematik und gibt außerdem Orientierung und Sicherheit.

Auch das Prinzip von »mehr« und »weniger« ist hier der Schlüssel zu einem verringerten Energieaufwand, um zur Lösung einer Aufgabe zu kommen. Wenn ich bei 3+4 mit den Fingern zähle, bei 3+5 auch, bei 3+6 auch usw., dann kostet das eine Menge Kraft und Aufwand. Erkenne ich das Prinzip »Ach, das ist immer nur einer mehr«, erspart das lange Rechenwege und endloses Zählen.

Zunächst einmal ist das Sammeln ein einfacher und wichtiger Weg, um das vergleichende Denken anzuregen. Was dabei gesammelt wird, ist erst einmal zweitrangig. Wann immer wir als Erwachsene gemeinsam mit einem Kind Vergleiche von »größer – kleiner«, »dicker – dünner«, »weicher – härter«, »eckig – rund«, »mehr – weniger« anstellen, umso geläufiger werden ihm diese Gedankengänge.

Das Erfassen von Wertigkeiten trainieren Kinder dabei automatisch. Denn sie sammeln, vergleichen, ordnen im Spiel meist ganz von selbst verschiedene Dinge wie Blätter, Steine, Blüten, Murmeln. Sie bringen sie in eine Reihenfolge und ordnen ihnen eine Wertigkeit zu. (»Von den gelben Perlen habe ich nur eine, deshalb ist die wertvoller als die anderen.«) Dies sind Kompetenzen, die den Grundstein für die Mathematik legen.

Im Haushalt lässt sich logisches Denken ebenfalls ganz einfach durch tägliche Arbeiten üben: Das gemeinsame Sortieren der Socken, die aus der Waschmaschine kommen (»Welche Socken sind ein Paar? Welche gehören wohl alle Mama? Woran kannst du das erkennen?«), ist ebenso leicht gemacht wie das gemeinsame Tischdecken (»Wie viele Teller brauchen wir denn wohl, wenn wir heute alle mitessen? Und wie viele Gläser brauchen wir dann?«) oder die Mülltrennung (»Hast du eine Idee, in welchen Mülleimer das Stück Papier gehört?«). Das Handeln durch konstruktive Fragen zu begleiten schult die Sprache gleichermaßen wie die Logik des Kindes. Alle Alltagsreihenfolgen, die bewusst kommentiert und wiederholt werden (sei es beim Essen-vorbereiten, beim Anziehen, der Körperhygiene etc.), unterstützen dies ebenfalls.

In unser aller Alltag finden sich jede Menge Reihenfolgen und Strukturen: Der Tag-Nacht-Rhythmus ist eine Zweier-Reihenfolge, die Jahreszeiten eine Vierer-Reihenfolge, die Wochentage eine Siebener- und die Monate eine Zwölfer-Reihenfolge. Reihenfolgen finden sich in vielen Spielbereichen, beim Anmalen eines Mandalas, beim Aufreihen von Perlen zu einer Kette, beim Ablauf eines gemeinsamen Spiels. Kinder, die diese Reihenfolgen nicht durchschauen, sind häufig schon mit »einfachen« Abläufen und Regeln überfordert, weil sie die Logik hinter diesen nicht verstehen.

Neben den Alltagabläufen kann das Denken in Strukturen und Reihenfolgen wunderbar durch Kochen, Backen, das Auffädeln von Perlenmustern, durch Musterlegen oder Basteln zu jeder Jahreszeit angeregt werden.

Bei Eintritt in die Schule ist es hilfreich, schon ein wenig mit den Abbildungen der Zahlen unter 10 »warmgelaufen« zu sein. Wie auch bei den Buchstaben macht es das Lernen leichter, wenn ein Kind bereits weiß, dass eine Abbildung einer Zahl zu einer bestimmten Menge gehört oder es zumindest Zahlbilder zu benennen weiß. Zahlbilder lassen sich wunderbar durch leichte Kartenspiele festigen. Ebenso durch das gemeinsame Erkennen von Zahlen auf Schildern, auf den Tasten des Telefons oder beim Bezahlen im Supermarkt. Wann immer Kinder in diese Prozesse aktiv eingebunden werden, finden Lernprozesse statt, für die es wenig Aufwand bedarf.

Viele Kinder können bei Schuleintritt die Zahlreihe bis 10 aufsagen. Um herauszufinden, ob sie auch wissen, welche Menge sich hinter einer Zahl versteckt, hilft es, ein Kind einmal beim Hochzählen bis zur 10 die Finger hinzunehmen. Zeigt es bei der 5 auch tatsächlich gerade 5 Finger oder hat es nur die Wörter der Zahlen hintereinander gereiht, ohne zu verstehen, dass man jeder Zahl auch eine bestimmte Anzahl zuordnet? Diese Eins-zu-Eins-Zuordnung beim Zählen kann wunderbar auf Treppenstufen oder beim Gehen geübt werden: Jeder Schritt steht für eine Zahl.

Was durch Spiele wie »Ich packe in meinen Koffer« geübt wird, sorgt in der Schule dafür, dass Kinder sich besser merken können, in welcher Reihenfolge die Buchstaben in einem Wort oder auch die Zahlen in einer Zahlenreihe angeordnet werden müssen.

Der Bereich der Orientierung

Wenn ich weiß, wo ich mich befinde, wie lange eine Stunde noch dauert, wie lange ich warten muss, wann ich etwa abgeholt werde, wohin wir gleich mit der Klasse gehen, wie viele Stunden ich heute noch habe, was der Stundenplan bedeutet, wer auf welchem Platz in der Klasse sitzt, gibt dies räumlich und zeitlich betrachtet Sicherheit. Abläufe, die ich überblicken kann, helfen, nicht in Verwirrung zu sein.

Zu den ersten Schritten der Orientierung gehören Wörter wie »vorwärts, rückwärts, davor, danach«. Die Begriffe »rechts« und »links« sind dabei schon deutlich schwieriger und bedürfen einer genauen Betrachtung. Was im Schuleintrittsalter von Vorteil ist, ist, wenn das Kind – sofern es ein kurzer Schulweg ist – diesen selbst kennt und ihn notfalls eigenständig finden würde. Auch ein Verständnis von »Was ist vor mir?« und »Was ist hinter mir?« hilft in vielen Situationen, sich zu orientieren. Der Bereich der Orientierung ist dabei eng verknüpft mit dem Bereich der Logik, denn auch im Bereich der Orientierung ist das Denken in Reihenfolgen wichtiger Bestandteil.

Orientierung brauche ich ebenfalls für die Linienverläufe von Zahlen und Buchstaben. »Das d geht zu der einen Seite, das b zu der anderen. Das kleine h geht ganz hoch, das kleine g ganz tief in den Linien.«

Möchte ich mit einem Kind die Präpositionen und die Richtungsorientierung üben, ist der einfachste Weg zunächst, es ihm einfach vorzumachen. Indem wir als Erwachsene Begrifflichkeiten wie »vorwärts«, »unter«, »neben« verwenden, nehmen die Kinder sie wahr. Benennt ein Kind eine Präposition falsch, gilt auch hier: Wertfrei richtig vorsprechen, anstatt das Kind zu korrigieren! Ein Korrigieren motiviert nicht, noch einen Versuch zu starten. Gleiches gilt bei dem Training von »links« und »rechts«. Hier hilft es, sich zunächst einmal auf eine Richtung zu konzentrieren und gemeinsam nur nach allem zu suchen, was beispielsweise »links« ist. Erst wenn diese Richtung sicher abgerufen werden kann, dürfen wir vereinzelnd nur »rechts« betrachten. Sitzt auch das, darf gemischt werden.

Besser, als ein Kind zu fragen, ob es links oder rechts meint, ist – sofern das Kind noch unsicher ist – auch hier, es direkt richtig vorzusprechen, um das Kind gar nicht erst in einen Moment der Verwirrung laufen zu lassen.

Der Bereich der Feinmotorik

Ein Kind, das feinmotorisch geschickt ist, verbraucht meist weniger Energie im schulischen Alltag, denn ihm gehen die Handhabung von Schreibutensilien, das Unterstreichen, das leserliche Schreiben etc. leichter von der Hand. Muss ich mich als Kind wenig auf die Feinmotorik konzentrieren, weil diese automatisiert abläuft, ist die Gefahr für weitere Fehlerquellen geringer, denn ich kann mich ganz auf den Schreibprozess konzentrieren, ohne mich zusätzlich für die Linienverläufe und die Stifthaltung anstrengen zu müssen. Diese Fähigkeit ist in fast allen Schulfächern von Vorteil.

Beim Schreiben und Malen wird der sogenannte »Drei-Punkt-Griff« als optimale Stifthaltung anvisiert. Die Basis dafür ist der Pinzettengriff. Den kann ein Kind im Idealfall, wenn es in die Schule kommt. Der Pinzettengriff ist die Art, zu greifen, wie man es tut, wenn man einen kleinen Gegenstand von einer Fläche aufhebt: Etwa einen Knopf vom Tisch oder ein Geldstück. Der Pinzettengriff versteckt sich also in so simplen Tätigkeiten wie dem Hinausdrehen eines Stieles aus einer Erdbeere oder dem gemeinsamen Aufsammeln kleiner Steine, Muscheln oder Körner.

Das Malen von einfachen geometrischen Formen wie einem Kreis oder einem Rechteck wird in vielen Schuleingangstests abgefragt. Die Grundlage für solche oder ähnliche Fähigkeiten bildet die sichere Handhabung von Stift, Schere und Kleber. Den Umgang mit Schere, Stift und Kleber lernt ein Kind durch den Umgang mit Schere, Stift und Kleber. Nur wenn ich als Kind die Chance bekomme, mich diesen neuen »Werkzeugen« anzunähern und sie in Ruhe auszuprobieren, kann ich hier auch routinierter werden. Deshalb ist auch ein Malen mit Kreiden, Stiften, Wachsmalstiften und Co. die Grundlage für eine gelungene Stifthaltung. Je häufiger das im Alltag zu Hause oder auch im Kindergarten vorgelebt oder in einer Gruppe in einem entspannten Rahmen ohne Druck zu diesen Tätigkeiten animiert wird, desto eher wird ein Kind hier geübt.

Und natürlich gibt es die Kinder, die von sich aus hier großes Interesse zeigen und die, die etwas mehr Anläufe und etwas mehr Inspirationen brauchen – das ist in diesem Bereich ebenso wie in allen anderen vollkommen normal.

Das Öffnen von Knöpfen, Schnallen und verschiedenen Verschlüssen wie etwa dem einer Dose zählt ebenfalls zu dem Bereich der Feinmotorik. Feinmotorische Fähigkeiten im Alltag finden sich ebenfalls beim Schneiden von Brot, beim Abspülen von Geschirr, beim Anziehen von Socken, Aufdrehen von Zahnpastatuben und Marmeladengläsern, im Schließen und Öffnen von Reißverschlüssen und in vielen weiteren Momenten. Auch hier gilt immer: Übung macht den Meister!

Interessanterweise haben Studien gezeigt, dass ein hoher Fernsehkonsum sich in drastischem Maße negativ auf die feinmotorischen Fähigkeiten von Kindern auswirken kann. Dies lässt sich etwa bei dem Zeichnen von einfachen Figuren erkennen. Kinder mit einem Fernsehkonsum von mehr als zwei Stunden am Tag zeigten hier deutlich reduzierte und viel weniger ausdifferenzierte Zeichnungen.

Der Bereich der Grobmotorik

Zum grobmotorischen Bereich zählt zunächst einmal das Ballspiel, das ein Schießen, Werfen und Fangen beinhaltet. Ebenso ist das Treppensteigen eine grobmotorische Leistung – im Idealfall kommt ein Kind dabei im Wechselschritt die Treppe hinauf, also indem es abwechselnd den rechten und linken Fuß voreinander setzt.

Bin ich als Kind in der Lage einen Ball zu werfen, zu fangen, zu rennen, mit Ausdauer eine gewisse Zeit zu laufen und sicher Treppen zu steigen, bringt das Vorteile für die sozialen Interaktionen in der Schule mit sich. Denn beim gemeinsamen Spiel auf dem Schulhof oder im Sport kann ich dann mit nicht übermäßigem Aufwand mit meinen Mitschüler/innen mithalten und mich somit ins Spiel vertiefen.

Ebenfalls wird im schulischen Rahmen gelegentlich durchaus gefordert, in einer kurzen Zeit von einem Schulraum in den anderen zu wechseln. Kann ich mich als Kind hier auch unter Zeitdruck darauf verlassen, entspannt und sicher anzukommen, bringt das Sicherheit und sorgt dafür, dass ich nicht körperlich völlig erschöpft in eine neue Schulstunde starten muss.

Ein meist vergessener Aspekt ist auch das Überschreiten der Mittellinie des Körpers. Jeder Körper lässt sich durch eine Mittellinie teilen, die gerade vom Scheitel bis zum Boden verläuft. Das Überkreuzen dieser ist wichtige Grundvoraussetzung für das Schreiben der Buchstaben und Zahlen, denn viele der Linienverläufe beinhalten einen kleinen Kreis, für den man eben diese Mittellinie – quasi im Kleinformat – überschreiten können muss. Für das Überkreuzen der Körpermitte bieten sich jede Art von Klatschspielen wie »Bei Müllers hat's gebrannt« an. Ebenso das Anziehen von Schuhen und Socken, bei dem ein Kind ja über seine Mitte greifen muss.

Zunächst einmal gilt: Wann immer der Fernsehkonsum und die Fahrten im Auto durch Aktivitäten in Bewegung und einem Weg, der zu Fuß oder Fahrrad zurückgelegt werden kann, ersetzt werden, ist das ein großer Gewinn für die Grobmotorik und Ausdauer. Dabei dürfen Fußwege gerne spielerisch genutzt werden, um die

Motivation hoch zu halten. Ein Balancieren unterwegs, ein Hüpfen über Hindernisse macht nicht nur Spaß, sondern trainiert im selben Atemzug die Balance und Sicherheit beim Fortbewegen. Selbstverständlich bietet auch ein Kinderturnen diese Möglichkeit.

Allgemein lässt sich die Grobmotorik natürlich dadurch fördern, dass ein Kind im Alltag animiert wird, Dinge zu tragen, beim Fegen, Schüppen, Schütten, Staubsaugen und Rühren mitanzupacken.

Der Bereich von Konzentration und Gedächtnis

Dass es im (Schul-)Alltag Schwierigkeiten bereitet, wenn ein Kind sich auch nicht über einen kurzen Zeitraum auf eine bestimmte Sache oder Tätigkeit konzentrieren kann, muss vermutlich nicht weiter erläutert werden. Für die Selbstorganisation eben wie für das Erfassen schulischer Aufträge ist es von großer Wichtigkeit, diese konzentriert wahrzunehmen und sich merken zu können. Wann immer dies eine große Überforderung für ein Kind darstellt, gilt es hier, besonders genau hinzuschauen, wo sich Ursachen verstecken können.

Um sich auf eine Sache konzentrieren zu können, sollte das Kind zunächst einmal in der Lage sein, eine Stimme aus einem gewissen Geräuschpegel heraushören zu können. Denn im oft wuseligen Klassenverband sollte es ja stets erkennen, was von der Lehrperson gesagt wird. An dieser Stelle sei erwähnt, dass hier selbstverständlich eine Überforderung durch unvorteilhafte Unterrichtsmethode, eine langweilige Stoffvermittlung, Ablenkung durch Emotionales, Gesehenes oder Gehörtes ebenso wie durch unklare Begrifflichkeiten einen enormen Einfluss auf die Konzentration haben. Im Idealfall können Kinder, die eingeschult werden, etwa 15 Minuten »bei einer Sache bleiben« und sind in der Lage, sich Arbeits- und Handlungsanweisungen zu merken, also über einen gewissen Zeitraum abzuspeichern, was von ihnen verlangt wurde.

Eine gute Merkfähigkeit ist ebenso essenziell, damit ich mir als Kind merken kann, welche Form ein Buchstabe oder eine Zahl haben muss, um korrekt geschrieben zu werden. Gleiches gilt für die Reihenfolge der Buchstaben in einem Wort.

Das visuelle Gedächtnis wird leicht mit Hilfe von Spielen wie Memory, KIM-Spielen und jeder Form von Erinnerungsspielen geschult. »Ich packe in meinen Koffer« oder »Welcher Gegenstand ist weg?« sind mit wenig Aufwand zu spielen. Jedoch auch ohne zusätzliches Spielmaterial lässt sich dieser Bereich spielerisch und ohne Druck trainieren: Wann immer wir unser Kind anregen können, zu überlegen »Weißt du noch, als wir …?« oder »Was haben wir denn heute alles gemacht?«, fördern wir seine Erinnerungsfähigkeit.

Es hat sich außerdem bewährt, die Anzahl von Spielsachen zu reduzieren. Eine reduzierte Anzahl erhöht die Chance dafür, dass sich das Kind länger auf eine Sache konzentrieren lernt und weniger zwischen den verschiedenen Spielsachen »springt«. Gleiches gilt für eine Reduzierung des Medienkonsums.

Auf den Punkt gebracht …

Das eine Kind ist so. Das andere Kind ist so. Das eine Kind mag lieber Rennen, das andere lieber Lesen, das eine ist eher laut, das andere leise, das eine isst Gemüse, das andere lieber nicht. Das eine sortiert stundenlang Krümel nach Größe, das andere rutscht zum 100. Mal den Sandhügel hinab.

Kinder sind Kinder.

Sie dürfen rennen. Sie dürfen laut und auch mal so richtig dreckig sein. Sie dürfen Löcher in die Hosen reißen und Matsche an den Schuhen haben. Sie dürfen die Finger voller Straßenkreide haben und Wasser in den Sand schütten, damit der besser klebt.

> Kinder müssen genau das tun, um zu begreifen, wie die Welt funktioniert: Sie beGREIFEN!

Matsche, Sand, Wasser, Knete, Erde und Co. sind wichtige Bestandteile der kindlichen Entwicklung. Sie fördern vielfältig die Sensorik, die Feinmotorik – also das Greifen, Fühlen und Tasten. Das Ausprobieren, Anfassen, Umschütten, Zerstören und Wiederaufbauen sind Dinge, die für das restliche Leben und alles Lernen absolut essenziell sind. Umso wichtiger ist es, Kinder all solche Dinge tatsächlich selber tun zu lassen. Wenn dann doch etwas noch nicht so einfach geht, etwas zermatscht, verschüttet, umgestoßen oder geworfen wird – sind auch diese Prozesse Teil des Lernens.

Und ganz unabhängig von jeglicher Förderung, machen Matsche, Dreck und Co. vor allem eins: unglaublich viel Spaß!!

Spielerisch lernen, Spaß haben und Kind sein – das sind die Aufgaben eines Kindes.

Eine entspannte Stimmung zu Hause zu schaffen, fällt niemals in den Aufgaben- oder Verantwortungsbereich der Kinder. Kinder sind niemals schuld, wenn zu Hause keine Harmonie herrscht.

Die Verantwortung dafür tragen einzig und allein wir Eltern. Es ist nicht die Aufgabe der Kinder, immer nett zu uns zu sein. Es ist unser Job als Eltern, voranzugehen, aufzuzeigen und vorzuleben, wie Kommunikation liebevoll, respektvoll und entspannt stattfinden kann. So, dass in der Folge auch unsere Kinder entspannt sind und in einem harmonischen Umfeld aufwachsen können.

Es ist an uns, unser Kind auch einfach Kind sein zu lassen. Momente zu schaffen, an denen wir unsere Kinder einfach nur ganz bewusst genießen. Ohne jede Erwartungshaltung. Einfach unsere Kinder im Spiel zu beobachten und dankbar für diese kleinen Wunder zu sein, die uns so viel geben und beibringen können. Deshalb:

- Sprechen wir mit unserem Kind so, wie wir möchten, dass man mit uns spricht!
- Seien wir Vorbild! Kinder machen das nach, was wir tun (und nicht das, was wir ihnen sagen, was sie tun sollen).
- Geben wir unserem Kind den Raum Dinge auszuprobieren und wiederholt üben zu dürfen, auch wenn mal etwas daneben geht. Kinder brauchen Herausforderungen, an denen sie wachsen können.
- Nehmen wir die Wünsche, Ideen und Vorschläge ebenso wie auch die Ängste und Sorgen unseres Kindes immer ernst und zeigen dafür Verständnis.
- Erklären wir unserem Kind die Welt (anstatt zu schreien und zu schimpfen).
- Haben wir Geduld! Jedes Kind hat sein Tempo und seinen Zeitpunkt, Dinge zu lernen.
- Zeigen wir unserem Kind, dass wir immer für es da sind und ihm – mit nachvollziehbaren – Grenzen und Regeln Sicherheit geben.
- Vertrauen wir in die beeindruckenden Fähigkeiten unseres Kindes.
- Überprüfen wir, welche Erwartungen wir an unser Kind stellen: Geben wir ihm den Freiraum, sich mit seinem ganz individuellen wundervollen Potenzial in alle Richtungen zu entfalten.
- Seien wir bereit, von unserem Kind ebenso zu lernen, wie es von uns lernen wird.

Kinder sollten wissen, dass die Liebe ihrer Eltern/ihrer Bezugspersonen an nichts geknüpft ist, an keine Leistungen, an keine bestimmten Eigenarten oder Talente, an kein bestimmtes Benehmen … Egal, ob es Streit gab, es in Mathe eine 5- geworden ist oder die Scheibe kaputtgeschossen wurde – an der Liebe wird das nichts ändern. Dieses Wissen ist das größte und wichtigste Geschenk, das wir unseren Kindern geben können.

Somit haben wir als Eltern eigentlich »nur« eine Aufgabe: Diesem kleinen Menschen, der von uns abhängig ist und für den wir das Größte auf der Welt sind, in jeder Sekunde seines Lebens klarzumachen: Wir lieben dich! Von den Fusseln zwischen deinen kleinen Zehen bis zu deinem verschmiert grinsenden Erdbeergesicht. Von deinen Klebehänden bis zum Sandkastensand in deinen Haaren. Denn du bist perfekt – genauso wie du bist! Wir sind immer für dich da! Wir glauben an dich! Wir sind stolz auf dich!

Ganz egal, ob es mal stressig und anstrengend ist im Alltag und wir uns vielleicht einmal streiten, ganz egal ob du etwas fallen lässt, kaputt machst, ob du etwas kannst oder nicht – wir lieben dich. Für immer.

Kinder sind das Größte, Tollste, Beste und Wertvollste, was wir haben.
Genau so sollten wir sie behandeln.

In diesem Sinne: Genießen Sie Ihre Kinder!